Stories of
Zen

禅的故事

易中天 著　黄永厚 绘

浙江文艺出版社

果麦文化 出品

目录

序 禅的意义就在于没有意义

一 鲜花与微笑 一

二 衣钵传人 一一

三 菩提达摩 二一

四 弘忍与神秀 三一

五 六祖惠能 三九

六 开创南宗 五一

七 净土宗的努力 五九

八 佛教的难题 六九

九 以人为本 七七

十 回到人间 八七

十一 立地成佛 九七

十二 机锋与破执 一〇七

十三 我心自有佛 一一七

十四 当头棒喝 一二七

十五 呵佛骂祖 一三九

十六 否定的哲学 一四九

十七 自由之路 一六一

鸣谢 一七一

序 禅的意义就在于没有意义

我们这本书,是说禅的。

为什么要说这个?

禅有用吗?

抱歉,没用。

禅,不是武林秘籍,不是职场宝典,不是锦囊妙计或者什么攻略之类。它也不是心灵鸡汤,不负责心理按摩。但凡有诸如此类想法和需求的,都可以不读本书。

那么,禅是什么?

中华智慧之一种。

智慧没用吗?

是的,至少看起来没有。智慧就像公司的董事长,原则上是不干活的。整天忙忙碌碌,那是勤杂工;每笔账都算得清清楚楚，那是财务部；签合同，看报表，协调各部门，那是总经理。这些工作，董事长都不做。

他，就是个吃闲饭的。

但，公司不能没有董事长。

人的智力结构也一样。

知识，就是员工。

方法，就是管理层。

智慧，就是董事长。

没有智慧的人就像没有董事长的公司，只能算是作坊或夫妻店。当然，作坊或夫妻店也没什么不好。所以，头脑里不想要"董事长"的，也可以不读本书。

如果想要呢？

那就建议读点禅宗。

为什么呢？

因为禅宗就像董事长。正如董事长要不懂事，**禅的意义也在于没有意义**。在禅宗那里，诸如"禅是什么"或者"禅有什么用"之类的问题，是问都不能问的。一问就错，弄不好师父还会给你一耳光，或者一脚踢出去。

这样的故事很多，后面会讲给大家听。

问题是：为什么呀？

因为禅有三个特点：

不可说。

不必说。

不能说。

为什么不可说？

因为禅宗追求的是最高智慧，或者说终极智慧。

终极智慧是可以说的吗？

不可以。

老子说：

> 道可道，非常道；名可名，非常名。

在这里，第一个道是真理，第二个道是言说；第一个名是概念，第二个名是命名。常，是永恒。

所以，这句话可以这样翻译：

真理，如果可以言说，那就不是永恒真理。

概念，如果可以命名，那就不是永恒概念。

同样，智慧如果可说，那就不是终极智慧。

那么，有没有什么智慧是可说的？

有，比如中庸。

孔子说:

> 中庸之为德也,其至矣乎!

至,当然就是最高。

但,孔子说得很清楚,中庸是**德**不是**道**。

什么是德?什么是道?

道就是真理或规律,最高的道就叫大道。

德则是功能或作用,最高的德就叫大德。

功能和作用当然可以说,也必须说。

所以中庸可说,禅不可以。

更何况,禅宗追求的最高智慧或者终极智慧就像无线电波一样弥漫在虚空之中,看不见,摸不着,难以形容,不可描述。如果硬要说,请问怎么说?

这是第一点。

第二,不必说,为什么?

因为禅宗的特点是:

不立文字,直指人心,见性成佛。

这也是后面重点要说的。

总之，参禅悟道靠的是心领神会，衣钵相传靠的是心心相印。心花怒放，我就是佛，何必说？

第三，不能说，为什么？

抱歉，这个就不能剧透了。

好吧！禅不可说，不必说，不能说，那么请问，禅师们难道都是一言不发，呆如木鸡，像个哑巴的吗？

当然不是，怎么会！

实际上，禅宗不但说话，还爱讲故事。

比如《五灯会元》卷十九就讲了龙门清远的故事。龙门清远是北宋禅师，刚刚学佛的时候也喜欢提问。但是他每次去问师父，师父总是说：我不会，我不如你。他的师兄就更加离谱。龙门清远向他请教，他竟然揪着清远的耳朵围着炉子转圈圈，边走边说：你总会知道，你自己知道。

龙门清远没办法，只好自己去悟。

某个寒冷的冬夜，龙门清远独自坐在炉前，穷极无聊地用木棍拨弄着炉灰，忽然看见炉灰深处有一火如豆，便恍然大悟，说了一句非常有意思的话：

深深拨，有些子；平生事，只如此。

什么意思啊？

随便你想。比方说，只要深入钻研（深深拨）就能有所收获，或者参禅悟道就是灰中见火，甚至整个人生也都不过天冷了烤火，火灭了拨拨，如此而已。当然，你还可以这样理解：处处可以悟道，事事可以修行，时时可以成佛，哪怕当时你只是在拨弄炉灰，哪怕你看到的只是星星之火。

反正，标准答案是没有的。

但，听完故事，多少会有点感悟吧？

事实上，作为佛教的一个宗派，禅宗是宗教色彩最淡而哲学意味最浓的。它其实就是人生哲学。所以，这样的故事禅宗那里很多，只不过它们叫**公案**。

我们这本书，也要讲很多这样的公案。

为什么要讲公案呢？

因为智慧的获得，跟知识和方法是不同的。

简单地说：

知识靠传授。

方法靠示范。

智慧靠启迪。

留下的案例，就是公案。

实际上，禅不可说，又不可不说。别的不说，单单"不立文字"这四个字，就是在说。

结果是什么呢？

参禅变成了智力游戏,而且是高智商的。

所以,高智商的人都喜欢参禅。

比如苏东坡,比如贾宝玉和林黛玉。

毕竟,参禅悟道,必须智商高,悟性好。

反过来也一样,读禅越多,就越聪明。

这样看,禅又是有用的,它能帮助我们:

认识自己。

对抗孤独。

缓解焦虑。

变得聪明。

也许,这就是心理学意义上的立地成佛。

不过,按照禅宗的观点,觉悟是每个人自己的事,获得最高智慧更是如此。所以,如果读完本书未能成佛,我们不负责任,佛祖也不负责。

可以负责的只有一点:你能系统地了解禅宗。

一 鲜花与微笑

石佛有顶，色相无魂。

灵鹫山上，花雨纷纷。

○ 石佛顶

禅，是佛教的一个宗派，而且是中国佛教的。

不过，禅宗自己不这么说，也不能这么说。他们得说这个宗派老早就有了，还是佛祖亲自开创的。

这就要讲故事。

准确地说，编故事。

故事是这样的：

有一天，佛祖在灵山说法。

我们知道，释迦牟尼创立佛教主要靠演讲，说法的地方叫灵鹫山。佛祖去世以后，他的弟子们就根据自己的记忆把演讲记录整理出来，这就是佛经。所以佛经的开头，往往要说"如是我闻"，意思是：我是这样听他讲的。

单靠讲课就能创立世界性的宗教，这说明什么？

演讲肯定精彩。

精彩到什么程度呢？

天神都被感动，天上的花儿扑拉扑拉地掉了下来。

这样的雨，就叫：

花雨

留下的成语，则叫：

天花乱坠

意思是：像佛祖说法那样激动人心，精彩纷呈。

乱，也不是混乱或者凌乱，而是随意。

随意才真实，也才美。

想来那时真是壮观。虚空之中布满鲜花，有的像润物无声的春雨，有的像骤然而至的急雨，或者匆匆落下，或者扑面而来，或者漂浮不定。那些花儿从澄明透彻的高空纷纷扬扬飘落下来，应该是千姿百态、五彩缤纷的吧？

就连旁边的石头，也都情不自禁地点头称是。

诸神散花如雨，顽石纷纷点头，这就是释迦牟尼佛祖登坛说法时的动人场面。[1]

有诗为证:

> 门前一棵菩提树,
> 心中一座明镜台。
> 诸天天女散花来。[2]

这一天也不例外,
不同的是,佛祖拿起了一朵花给大家看。
这个动作,就叫:

拈花示众

什么意思?
不知道啊!
所以,在场的人都莫名其妙。众多弟子你看看我,我看看你,大眼瞪小眼,面面相觑,只有一个人笑了。
他叫摩诃迦叶。
诃读如喝,叶读如社。摩诃的意思是大,迦叶的意思是光明,合起来就是大光明。据说,这位绅士是佛祖十大弟子之一,也是佛弟子中最没有执着之念,最不认死理的。
所以,只有他笑了。

于是佛祖说：

> 吾有正法眼藏，涅槃妙心，实相无相，微妙法门，不立文字，教外别传，付嘱摩诃迦叶。[3]

这段话比较难懂。简单地说，**涅槃**是佛家修行所要达到的最高理想，**涅槃妙心**则是最高智慧。**正法眼藏**又叫作**清净法眼**，一般泛指佛教的正法。修成正果的门路叫**法门**，**微妙法门**当然是特殊途径。总之，我们只需要记住两个词：

涅槃妙心、微妙法门

佛祖的意思也很简单：刚才我已经把最高智慧通过特殊途径传给摩诃迦叶了。

怎么传的？

我拈花示众，他微微一笑。

啊！比微信转账还快？

哈哈，是的。

奇怪！拈花示众，微微一笑，就这么两个动作，怎么就把最高智慧传过去了呢？

对不起，这就不知道了，也不需要知道。

如果很想知道,那就听首情歌吧:

夜留下一片寂寞,
河边不见人影一个。
我挽着你,你挽着我,
暗的街上来回走着。

夜留下一片寂寞,
世上只有我们两个。
我望着你,你望着我,
千言万语化作沉默。[4]

请问,这时他们需要说什么、做什么吗?
不需要。
所以,摩诃迦叶与佛祖之间,也不需要。
更何况,佛祖好歹还拿起了花,摩诃迦叶也笑了,那对恋人可只是"我望着你,你望着我"。
这说明什么呢?

有些心意是不需要语言表达就能相通的。

相视一笑，眉目传情，不是生活中常有的吗？

只要心意相通，便是**契合**。

契的本义是文书。用文书来相互约定，就叫契约。契约相合相同，就叫合同。如果默默无言就能契合呢？

那就叫**默契**。

有默契的领会，就叫**心领神会**。

心领神会后的微笑，则叫**会心一笑**。

至于为什么会有默契，不用管，也管不了。

同样，心意为什么相通，又怎样传达，不要追问。这就像微信转账，后台怎么操作的，你管他干什么？

需要的，是心和神。

心和神，就说不清楚了，不妨再听一首歌：

> 那一日闭目在经殿的香雾中，
> 蓦然听见是你诵经中的真言。
> 那一夜我转动了所有的经筒，
> 不为超度只为触摸你的指尖。
> 那一年磕长头我匍匐在山路，
> 不为觐见只为贴着你的温暖。
> 那一世我转山哟转水转佛塔，
> 不为来世只为途中与你相见。

那一瞬，我已飞，啊飞成仙，
不为来世，只为有你，喜乐平安。
那一瞬，我已飞，
不为来世，只为有你。

这是西藏活佛仓央嘉措的诗，变成歌曲以后文字有了些改动，诗中的"我"则应该是个姑娘。那天她在经殿的香雾中闭目祈祷，却蓦然听见一位喇嘛诵经的声音。声音是那样性感，以至于姑娘如被雷击，疯狂地爱上了他。

从此，姑娘摇经筒不为超度，磕长头不为觐见，转佛塔不为来世，只因为她的他也这么做，经筒和地上有他的指纹和体温，转佛塔则可能途中相见。而且，也就在不期而遇的那一刻，姑娘飘飘欲仙，有了成佛的感觉。

请问，这岂非超级迷妹？

那么，如此不可救药的爱，又究竟因为什么？

也不过是蓦然听见那喇嘛诵经的声音。

这说明什么呢？

有些事情是不需要讲道理的。

摩诃迦叶和佛祖之间，也如此吧？

只不过他心领神会的，是最高智慧。

最高智慧，也能像"我爱你"一样默默传达？

当然。因为佛教的主张就是爱。只不过，这种爱不是只爱一个人，而是爱所有人，叫：

慈悲为怀，普度众生

现在，你还纠结于那鲜花和微笑吗？

那就再听一首歌：

> 请把我的歌带回你的家。
> 请把你的微笑留下。
> 明天明天这歌声，
> 飞遍海角天涯。
> 明天明天这微笑，
> 将是遍野春花。[5]

这当然是一首现代歌曲，跟禅宗也毫无关系，却可以用来说禅宗的故事。因为摩诃迦叶的微笑，正如这首歌所唱的那样，确实飞遍海角天涯，变成了遍野春花。

二 衣钵传人

○ 闻笛赋

心证意证，
　　你证我证，
谁有特别通行证？

　　衣传钵传，
　　　西传东传，
什么心思教外传？

　　西天佛陀，
　　　东土头陀，
悟空遇上阿难陀。

那天佛祖在灵山说法,诸神感动,天降花雨。佛祖拿起一朵花给大家看,多数人都莫名所以,只有摩诃迦叶一个人破颜微笑。于是佛祖说:刚才,我已经把最高智慧通过特殊途径传给了摩诃迦叶。从今往后,对世界真相的把握也将在传统方法之外,通过另外一条路径传递和传播。

这就叫:

不立文字,教外别传

什么是教外别传?
就是另立一个新的学派、流派、门派或宗派。
我们知道,它就是**禅宗**。

禅宗，就这样通过鲜花和微笑诞生了。

这可真是花样年华。

但，这里面有问题。

什么问题？

我们知道，学佛是要修行的，修行就要有结果。结果有正邪两种，关键在**修行之道**。靠教外之道或旁门左道去修就叫**盲修**。盲修只会走火入魔，结果是邪。只有按照佛门正道修行，得到的才是正。这就叫：

修成正果

如此结果当然是大家都希望的。问题是，修没修成正果并不归自己说了算，总得有张毕业证书。也就是说，这件事需要证明，得到证明的才是正果，也叫：

证得之果

这个要求十分合理，在其他门派也不成问题，对于禅宗却相当麻烦。因为禅宗原本教外别传，传法的时候还一句话不说。那么请问，你怎么清楚修的是不是邪门歪道，又怎么知道最后修成的是不是正果？

禅宗的说法是：

以心印心

印，就是印证，也就是承认和许可，就像在文件上签字盖章。古人把图章叫作印，也叫印信或印章。用印信来证明就叫印证。印证跟验证不同。验证必须检验，印证却只要有印就行。就像毕业证，必须有校长和学校签名盖章，成绩单就不必，实际水平也没人管，这才有人做假证。

只不过禅宗的印信是心，叫**心印**。[6]

由此留下了一个成语：

心心相印[7]

用贾宝玉的话说，就是：

你证我证，心证意证。[8]

心证意证，当然是微妙法门。

也就是说，毕业证不必有实体，心照不宣即可。

这倒是环保，可惜还是有问题。

什么问题呢？

禅宗不仅是学派和流派，也是门派和宗派。是宗派就要有**宗师**，是门派就要有**掌门**。佛祖把教外别传的微妙法门交给了摩诃迦叶，摩诃迦叶就是禅宗初祖，第一代掌门。可惜这位掌门迟早要圆寂，以后又怎么办呢？

交给下一代宗师和掌门。

这在佛教就叫**法嗣**，在江湖则叫**传人**。

于是问题来了：历代掌门交班的时候，怎么弄呢？难道什么话都不说，只是心心相印？或者每次都是师父拿起一朵花来，徒弟笑一笑？万一大家都笑，交给谁？

佛祖也知道不可以，因此又给了两件东西。一件是木绵袈裟，还有一件是紫金钵盂。木绵就是棉花，不是又叫英雄树的木棉。木绵袈裟那个"绵"字偏旁是丝，本义是丝绵，蚕丝做的。中国古代没有棉花，印度才有。传入中国后，中国人把它看作地上长出来的木本的丝绵，因此叫木绵。[9]

有衣有钵，心证之外便又有了物证。物证可是实实在在的东西，所以历代掌门交班都要传衣钵，叫：

内传法印，以契证心；外付袈裟，以定宗旨。[10]

法印就是佛法的印记和标识。内传法印，就是认可并且证明对方掌握了真正的佛法,所以叫"以契证心"。这当然只能靠心传和心证。外付袈裟,以定宗旨,则是明确对方法嗣的身份。谁得了这衣钵,谁就是接班人。

禅宗的衣钵,就像是传国玉玺。

由此留下一个成语:

衣钵相传

还有一个说法:

衣钵传人

传人是一代一代的。第一代摩诃迦叶,算是初祖。二祖则是阿难陀(Ānanda)。阿难陀简称阿难,意思是欢喜,同样名列十大佛弟子,只不过比摩诃迦叶年轻。

其实,这两个人的名字我们应该并不陌生。因为《西游记》里面带着唐僧进藏经楼取经的就是他们,只不过阿难被改名叫阿傩(读如挪)。据说,他俩带着唐僧看完目录就索要红包:圣僧从东土大唐远道而来,总该意思意思,有点见面礼土特产什么的吧?快拿,快拿,好传经给你。

唐僧吃了一惊:啊?弟子不曾备得。

迦叶和阿傩说：怎么？要我们白给呀？

唐僧完全不知该如何应对，孙悟空便跳起来嚷嚷要去找如来直接取经。阿傩说：喊什么！这是什么地方，也敢撒野放刁？这才心不甘情不愿地把经书给了唐僧师徒。

不过，全是白纸，上面一个字都没有。

官司打到如来那里，如来却说佛家提供的原本就是有偿服务，他们两个也坚持要好处费。唐僧无奈，只好让猪八戒将唐太宗送的紫金钵盂交出，才换了有字的经书。[11]

这当然是小说，靠不住的。实际上，摩诃迦叶号称头陀第一，为人廉洁，修行也很苦，哪里会索要好处？阿难号称多闻第一，面如满月，眼似莲花，却并无绯闻，当然也不会贪财。更何况，历史上的玄奘法师可是偷渡出国，怎么会有太宗皇帝送的紫金钵盂？当真有，如来也不会要。

那么，这东西什么来历？

恐怕就是传说中佛祖传给摩诃迦叶的那个。

这样看，阿难陀要了去，倒是物归原主。

其实吴承恩这么写，是有深意的。因为摩诃迦叶和阿难陀被说成是禅宗的祖师爷。禅宗主张不立文字，他们拿出的经书当然是一片空白。所以孙悟空一状告到佛祖那里，佛祖才会笑着说：白本者乃无字真经，倒也是好的。

那么，如来让迦叶和阿难送书，是找错人了吗？

也不。因为禅宗自己也说,佛祖圆寂后,把众人召集起来编撰佛经的,就是摩诃迦叶。应摩诃迦叶的邀请,最先在集会上诵出"如是我闻"并且得到认可的,是阿难陀。换句话说,迦叶是佛经编辑委员会主任,阿难是副主任。唐僧要取有字真经,不找他们两个要,找谁?[12]

看来,在摩诃迦叶和阿难陀那里,既有"如是我闻"的有字真经,又有"不立文字"的微妙法门,正所谓条条大路通罗马,不同的人可以有不同选择。实际上,这也正体现了佛教的主张。是啊,既然众生平等,佛法又岂有分别?登坛布道与拈花示众,都是法雨;传经送宝与心心相印,也都是法门。只要心行佛法,便可殊途同归。

但,教外别传的事情,却还得做下去。

接下来,便轮到菩提达摩出场。

三 菩提达摩

放翁诗意

实相无实相，
真如真不如。
千古禅宗事，
多少闷葫芦。

公元526年，菩提达摩在广州登陆。[13]

这是中国佛教史上的一件大事。因为据说，菩提达摩是西土禅宗的第二十八代传人，还随身带来了木绵袈裟和紫金钵盂。前面说过，禅宗是衣钵相传的。第二十八代祖师爷和信物都来了，岂非证明禅宗从印度到了中国？[14]

可惜这事靠不住。

二十八代，那袈裟早就烂了。

所以，这个故事是编出来的。

编故事也不奇怪，因为菩提达摩是印度人，也有人说是波斯人，外来的和尚总是会念经。再说了，没有一个从外国来的得道高僧，禅宗又怎么跟佛教对接呢？

于是菩提达摩被尊为中国禅宗的初祖。

达摩来得也正是时候，中国正处于南北朝时期。以秦岭和淮河为界，北方是鲜卑人拓跋氏的政权魏，南边是汉族人的政权梁。南梁是崇佛的，所以达摩登陆之后就受到地方官隆重接待，又在第二年被请到了今天的南京。

南京当时叫金陵，是南梁的首都。

皇帝，是梁武帝。

梁武帝是当时最大的佛教赞助商。就在菩提达摩到达中国的半年后，他第一次舍身金陵同泰寺，也就是宣布要舍去凡身，供奉佛祖，不当皇帝，改做和尚。

国不可一日无君，朝廷只好花一个亿把他赎回来。

这其实是胡闹。何况用的钱并不是他的私房钱，而是民脂民膏。捐款的目的也非弘扬佛法，而是为自己求福报。这个家伙认为，学佛就像做生意，投入越多，产出越大。所以他后来还要多次舍身，用公款给自己在佛国买股票和期货。

显然，作为皇帝，他是混蛋；作为信徒，他是菜鸟。

武帝却认为功德无量。如果有可能，他甚至很想打电话问问：佛祖，俺捐了一个亿，能封个菩萨么？

可惜，南梁与佛国不通电话，也没有互联网。

因此听说菩提达摩来了，这个糊涂皇帝便很兴奋。在他看来，那位高僧是外来和尚，又自称活了一百五十岁，见多识广手眼通天，应该能为他投资的回报做个估值。

他哪里想得到，菩提达摩是来说禅的。

禅宗连文字都不要，又怎么会帮他算账？

所以两个人的对话，就无异于鸡同鸭讲。

梁武帝问：圣僧，朕即位以来，建寺庙，抄经书，度僧人无数，呵呵呵呵不好意思，请问有何功德？

菩提达摩说：并无功德。

梁武帝大吃一惊，问：为什么？

菩提达摩说：因为都是影子。

武帝问：那你说，如何是真功德？

达摩说：这个世上求不来。

梁武帝又问：那么，神圣真理的第一条是什么？

菩提达摩说：空寂孤独，没有神圣。

武帝说：什么都没有吗？回答朕问题的又是谁？

达摩说：我不认识。

梁武帝更加听不懂，完全傻掉了。

菩提达摩也发现，这个皇帝不但菜鸟，而且愚蠢。跟他谈禅无异于对牛弹琴，只好分道扬镳。菩提达摩离开金陵来到长江边，随手折了一根芦苇，站在上面飘然而去，叫：

一苇渡江

当然也有人说，不是一根芦苇，是一捆。

一根不行，一捆就行么？

也不靠谱。

可以肯定的是，菩提达摩到了北魏，进了山洞。

山洞在河南省少林寺背后的嵩山。菩提达摩在那里一动不动，面对洞壁坐了很久很久，据说就连小鸟都要在他肩膀上筑起巢来，达摩却终日默然，一言不发。

这就叫：

面壁九年

九，未必是实数，只是"久"的意思。

总之，菩提达摩是在山洞面壁修行了。奇怪的是，尽管他与世无争，却有人五次三番来下毒。看来，佛门也非清净之地，只要是江湖就会有凶险。到第六次，菩提达摩决定吃下那毒药，并被安葬在今天河南省三门峡市陕州区的熊耳山。

三年后，却有人声称看见了他。

看见他的人名叫宋云，是北魏的外交官。当时宋云出使西域，没有得到菩提达摩圆寂的信息，却在葱岭也就是帕米尔高原遇见达摩手上拎着一只鞋翩然而至。

于是宋云双手合十问：大师要到哪里去？

达摩说：回西天。

宋云回到洛阳，向朝廷报告了这件事。众人听了都将信将疑。思来想去，决定探个究竟。结果怎么样呢？他们发现菩提达摩的棺木中空空如也，只有一只鞋。

另一只鞋呢？

当然是在菩提达摩的手上，宋云看见的。

大家只好把棺木中那只鞋送到少林寺供奉。

后来，这只鞋又被人偷走，不知去向。

这就叫：

只履西归

一苇渡江，面壁九年，只履西归，全是神话。

这位菩提达摩法师，究竟是神还是人？

当然是人，只不过被神化了。

神化是必然的，因为佛教毕竟是外来文化。他们要想在中国站住脚，就得依靠两种力量，这就是皇家的权力和民间的迷信。想当年，龟兹（今新疆库车）和尚佛图澄就是这么做的。他对着一盆清水念经，结果立即长出了莲花，让后赵皇帝及其臣僚大为叹服。由于得到皇权的支持，佛教的事业蒸蒸日上，短短几十年，后赵的寺庙就多达近九百座。[15]

菩提达摩要去见梁武帝，也许有这个原因。

可惜，那个皇帝不开窍。

这就只能走民间路线，靠口碑宣传。

当然，像佛图澄那样变魔术是不行的，这不符合禅宗的宗旨。坐在山洞里却有轰动效应，也有传播效果，因为从来就没有人像他这么做过。达摩的"微信公众号"很快就篇篇十万加，尽管上面一个字都没有。

一位"铁杆粉丝"也出现在他的面前。

那个僧人就是慧可。

慧可是在达摩面壁的时候拜师的。当时天降大雪，达摩坐在洞内一动不动，慧可站在洞外一动不动，直到黎明时分大雪没过了膝盖，还是不动。

达摩不禁心生怜悯。

他问：你如此这般，要求什么？

慧可流泪说：愿大和尚慈悲，普度众生。

达摩说：这不是一般人做得到的。

慧可二话不说，抽刀砍断了自己的左臂。

达摩说：好吧，你告诉我，为什么要学佛？

慧可说：我心不安。

达摩说：把心给我，我帮你安。

慧可说：我不知道心在哪里。

达摩说：已经给你安放好了。

慧可豁然开朗，大彻大悟。

得到真传的慧可成为菩提达摩的衣钵传人——菩提达摩把木绵袈裟和紫金钵盂都给了他，自己服毒死去。于是慧可成为中国禅宗的二祖，宗派系统也就建立起来了。以后我们说到三祖、四祖、五祖、六祖，指的便都是中国禅宗。

不过，禅的风靡天下，还要到五祖之后。

四 弘忍与神秀

雨欲退而云不放,
海欲进而江不让。
祖师衣钵传给谁?
愁煞弘忍老和尚。

禅宗五祖，法号弘忍。

弘忍的师父是中国禅宗的四祖，法号道信。道信是慧可的再传弟子，唐初便已名满天下。据说，唐太宗仰慕他的学识和造诣，三次下旨请道信出山，来长安一见，都被道信以身体不好为由婉言谢绝。到第四次，太宗皇帝便对使者下了一道严厉的命令：带不来人，就带他的头来。

使者来到湖北省黄梅县双峰山，向道信宣旨。

道信听完，面不改色，一动不动。

他平静地对使者说：老僧在此，大人请动手！

使者当然不敢，只好回京如实禀告。

太宗对道信也更加敬重，再也不强迫他出山。

所以，能够拜在道信门下，很是幸运。

这当然要靠缘分，弘忍就有。实际上他出家为僧，皈依佛门，也因为被师父一眼看中。当时弘忍年方七岁，在黄梅县城随母乞讨，道信却看出他骨相奇秀，异乎寻常。

于是道信问：小朋友，你贵姓啊？

弘忍说：姓倒是有，但不一般。

道信问：那是什么？

弘忍答：佛性。

佛性的性，当然不是姓氏的姓，不过谐音而已。然而小小年纪便能如此对答，道信不能不另眼相看。

于是又问：难道你自己就没有姓吗？

弘忍说：性空，故无。[16]

这就是"未入佛门，已然成佛"了。

至少，也说明弘忍有**慧根**，是**法器**。

什么是慧根？

慧根就是领会佛法的天赋。

什么是法器？

法器则是具有传承佛法才能的人。

这就应该收为徒弟。

于是道信便与弘忍的母亲商量，后者也欣然同意。这固然因为儿子与佛有缘，也因为她这孩儿是私生子。由于没有父亲，人们都叫他"无姓儿"。难怪道信问他贵姓，他会那样回答，尽管他的无姓并非因为性空。但能由自己的身世联想到佛法，知道在佛法看来姓氏不过假名，也很了不得。

当然，他最后也接过了道信的衣钵，成为禅宗五祖。

这是一个分水岭。因为五祖弘忍之后，达摩留下的衣钵便不再代代相传，禅宗也分为南宗和北宗两派。两派创始人都是弘忍的弟子，却天南地北，分道扬镳。

为什么会这样呢？

都是衣钵惹的祸。

弘忍七十一岁那年，自觉不久于人世的他决定为自己选择衣钵传人。这时，距离菩提达摩登陆广州已经将近一个半世纪，禅宗的江湖地位早就今非昔比，衣钵也成了暗中争夺的对象。选非其人或处理不当，后果都很严重。[17]

老和尚的办法是竞争上岗。

按照当时的规矩，传法要作**偈**。偈读如记，原本是佛经中颂歌的唱词，后来则成为佛门弟子和居士表达理念或发表感言的文体，每则四句，有点像诗。传法的时候，禅师要作偈指点迷津，学徒要作偈汇报心得，叫**示法偈**。

于是，弘忍准备交班时，便对弘子们宣布：你们都各依本性作一偈来。谁最有觉悟，衣钵和佛法就传给谁。

结果怎么样呢？

谁都不动，都看着一个人。

这个人叫神秀。

神秀是弘忍的大弟子，俗姓李，河南开封人。他从小就饱读诗书，博闻强记，入寺后又从砍柴挑水做起，脚踏实地潜心学佛，此时已位居上座，可以为受戒者传授礼仪。

于是众人都说，有神秀师兄在，我们还写什么偈？

神秀也交了作业。他的偈说：

> 身是菩提树，心如明镜台。
> 时时勤拂拭，莫使惹尘埃。

菩提是梵文Bodhi的音译，指佛教对真理的觉悟和修成正果的智慧，菩提树则是一种常绿的榕族榕属乔木。由于传说释迦牟尼在此树下觉悟成佛，所以管它叫菩提树，也就是智慧树的意思，树的种子也被用来做念珠。神秀的偈用菩提树比喻身体，明镜台比喻心灵，表达的正是学佛的态度和修行的方法，这就是保持内心的洁净，防止精神的污染。所以此偈一出，僧徒们都暗自钦佩，也都等着弘忍表态。

那么，弘忍又是什么态度？

暧昧，甚至诡异。

按照流行的说法，神秀的偈是半夜三更写在法堂外走廊墙上的，而且是匿名。第二天早上，弘忍看见，便对前来画壁画的人说：不用画什么了，墙上有这偈子就行。又对弟子们说：焚香礼拜吧！诵读此偈，可以免灾，可以得福。

结果，寺庙中几乎所有人都在诵念这首偈子。

不过，弘忍并没有把衣钵传给神秀。相反，他在半夜三更将神秀叫进方丈室，问：那则偈子是你写的吗？

神秀说：是。望和尚慈悲，看看弟子有没有智慧。

弘忍说：唉！你这是尚未入门啊！[18]

此事可疑。

为什么这样说？因为弘忍圆寂之后，继承遗志大开法门弘扬禅风的不是别人，正是神秀。他甚至在九十多岁时还被朝廷请去，在长安和洛阳登坛说法，为武则天和中宗、睿宗三位皇帝启迪智慧，史称"两京法主，三帝门师"。

这样的人，怎么会尚未入门？

那么，这样的说法又从哪里来？

南宗"官方网站"传播的。

前面说过，弘忍圆寂之后，禅宗就分为南北两派，北宗的创始人正是神秀，最后占上风的却是南宗。历史都是胜利者书写的，何况禅宗的历史原本就半真半假。因此，真相很可能是：神秀被选为法嗣，他开创的北宗才是正宗。尽管正如后面要说的，南宗的胜利有着深刻的道理和原因。

问题是衣钵呢？在神秀那里吗？

当然不在，但这并不能说明什么。因为很可能根本就没有衣钵，衣钵也是编出来的。所以，不但神秀没有，南宗也不再传，只有禅宗分为南北是事实。这样看来，恐怕就还有一种可能：南北都是正宗，弘忍有两个传人。

可惜，这就更加查无实据。

所以，我们也只能按照南宗的说法讲下去。

按照这个说法，弘忍不传衣钵给神秀，除了对他的偈感到失望以外，他也在等另外一个人，看看这个人能否交出更漂亮的作业来。因为弘忍对他已有感觉，甚至这次考试就是为他而设。尽管那人此刻还什么身份都没有，尽管弘忍也很清楚，他的决定可能会使佛教的江湖不再平静。[19]

五 六祖惠能

石虎行

款识：

驭虎果有术，行义功自盛。
犊牛尚可友，无猜乃通神。

        这幅《石虎行》画一小孩坐在石头老虎身上，以示"初生牛犊不怕虎"之意，可谓毫无执念之作。

        没错，犊既非犊，虎亦非虎。

        因此得一偈云：

画虎难画骨，虎背非牛犊。
春暖花儿开，水落石头出。

        盛，要读如成。

        骨、犊、出，都要读入声。

被弘忍看中并成为六祖的，是惠能。

惠能本是河北涿州人，俗姓卢。惠能这个名字，是他小时候一位得道高僧取的，意思是惠施众生，能作佛事。因此这是他的本名，不是法号，就像孙悟空本来就叫悟空，惠能也本来就叫卢惠能。有人写成慧能，恐怕不对。[20]

这是个苦孩子。[21]

说起来惠能原本也是官二代，只不过他的父亲不但被罢了官，还在流放到岭南（今广东省）不久就撒手人寰。三岁丧父的惠能随母亲迁徙到南海，靠上山砍柴艰难度日，孤儿寡母相依为命。直到二十四岁时，命运才得到改变。

那天，惠能在街上卖柴，无意中听到有人诵经。

惠能心中一动，问那诵经人：先生读的是什么？

诵经人答：《金刚经》。

惠能又问：先生从哪里学来的？

诵经人答：黄梅县双峰山东禅寺弘忍大法师。

惠能说：我也要去学。

这当然并不容易。幸亏有位好心的居士见他心诚，赞助了他十两银子。惠能用这笔钱安顿了老母亲，然后千辛万苦从岭南北上到今天的湖北，去见五祖弘忍。

结果，他刚到东禅寺，就让弘忍刮目相看。

弘忍照例问：你从哪里来？

惠能答：岭南。

弘忍又问：想干什么？

惠能答：作佛。

弘忍说：岭南人野蛮，怎么能学佛？

这话现在看来，当然未免有地域歧视的嫌疑，但在当时却稀松平常。因为华夏文明的发源地在中原，帝国的政治中心在长安和洛阳，受尊重的是河南人、陕西人，以及部分河北人和山西人，他们的语言被称为雅言。广东和福建等等则是化外之地，什么东西都吃，说话像鸟叫，岂非野蛮人？

但这是世俗的观点，不符合佛法。佛法无处不在，怎么会有南北？佛教讲众生平等，又怎么能地域歧视？

因此惠能反问：人有南北，佛性也有吗？

弘忍心里一惊：啊！莫非是肉身菩萨来了？

同时他也明白，这事不能张扬。

何况旁边还围了许多人。于是弘忍当众呵斥：你这蛮子伶牙俐齿！少废话，到厨房劈柴踏碓去。

而且，既不回答问题，也不为他剃度。

剃度就是剃去头发胡须，表示度越生死，是佛教徒正式出家的手续。不剃度就不是僧人，所以这时的惠能还只是东禅寺的临时工，俗称行者，就像武松。

这可是历史上最牛的临时工。

八个月后，弘忍宣布以示法偈选定接班人。

弘忍说：世间芸芸众生都在苦海里沉沦，却痴心妄想要求福田。这都是因为迷失了自我啊！所以，现在让你们各依本心写偈来看。不要前思后想，犹犹豫豫。记住了，佛法可不是思量来的，思量即非佛法。只有发现自我，才能一句话道破真理，哪怕挥刀上阵也能立竿见影。

他的眼睛，也许在悄悄看着惠能吧？

很有可能。因为禅宗就像艺术，需要天赋和悟性，学问和知识反倒是不重要的。不信你看那些孩子的诗，是不是比成年人写得更好？惠能如果真有慧根，是法器，他就一定不会让弘忍失望。当然，他要是没有更出色的表现，弘忍就会将衣钵传给神秀，禅宗说不定就是另外的样子和前途。

历史的紧要关头到了。

惠能也果然不负厚望。

实际上,神秀的偈写出来以后,弘忍不满意,惠能同样不以为然。但是全寺僧徒,都在唱诵神秀的偈。在厨房里面干活的惠能也听到了,决定也写一则。

可是,他不认识字,也没人理他。

正好,寺里来了一位官员,江州别驾张日用。

惠能就对张日用说:张大人,我也有一则偈。但我不认识字,你帮我写在墙上吧!

张日用说:你也写偈?这倒稀奇!

惠能就说:张大人啊,话不能这么讲。佛法无边,众生平等,平等才能修成正果,学佛的怎么能瞧不起人呢?瞧不起人,可是有无量无边之罪的啊!

而且,惠能还说了一句非常有名的话:

下下人有上上智,上上人有没意智。

哈哈!卑贱者最聪明,高贵者最愚蠢。

没错,就是这个意思。

张日用也吃了一惊,便拿起笔跟惠能说:好好好,我帮你写!不过,你要是得了道,得先度我。

钟馗捉鬼，刘海戏蟾。

达摩西土，惠能南蛮。

三姑吃饭，四爷讲谈。

不至此境，品隔三山。

○ 刘海

惠能就诵出偈来，而且果然不同凡响。

先看神秀的：

> 身是菩提树，心如明镜台。
> 时时勤拂拭，莫使惹尘埃。

再看惠能的：

> 菩提本无树，明镜亦非台。
> 本来无一物，何处惹尘埃。

不用多说，高下立判。

为什么呢？

因为实相无相。

这是佛教的观点，也是禅宗的主张。佛教认为，常人耳闻目睹和亲身经历的都是假相，叫作**色相**。世界的真实状况和真实性质则叫**实相**。实相才是真相，所以也叫**真如**。真如也好，真相也罢，本质上都是无，因此也叫**无相**。

无相、实相、真相、真如，是同一个概念。

可是神秀呢？又是菩提树，又是明镜台，还要时时刻刻殷勤拂拭，请问这是四大皆空，还是到处都有？

难怪惠能批评说：美则美矣，了则未了。

有诗为证：

> 落地菩提本无树，
> 虚空明镜不是台。
> 那个和尚乱出牌。[22]

弘忍甚感欣慰。他悄悄来到厨房，看到惠能腰里绑块石头正在舂米，脸上没有任何表情。

舂米就是为稻谷脱粒。我们知道，稻谷是有硬壳的，不能直接吃，必须脱去硬壳。当时没有脱粒机，只能将稻谷放进石臼里用石碓敲击，然后再用筛子筛掉硬壳，筛出米粒。

惠能干的，就是这活。

弘忍问：你这个米好了没？

惠能说：早舂好了，只欠一筛。

这是双关语——"筛"字下面是师。

也就是说：我是修成正果了，可是还没师父。

弘忍懂了，拿起禅杖在石碓上敲了三下。

惠能也明白，三更时分进入了方丈室。

这事可疑。是啊，惠能不是自称一字不识吗？怎么知道"筛"字的下面是"师"字？

有三种可能。

自谦。

认识字,但不会写。

坚持"不立文字"的宗旨。

第三种可能性最大。据说,他还没到弘忍那里时,就曾为一位老太太解说《涅槃经》的经义。老太太拿起经书向他问字,惠能却说:意思尽管问,字却不认识。

老太太说:字都不认识,还能知道意思?

惠能回答:诸佛妙理,非关文字。[23]

不过此事也可另做解释。

实际上,筛是谷物加工的最后一道工序,筛过以后就是米粒而非谷粒。所以"只欠一筛"云云,便不妨理解为程序的完成。问题是这个程序是什么呢?又有什么事情能相当于将那已经脱离米粒的硬壳筛去,从而显出正果?

赐法号吗?

用不着。

剃度吗?

没有做。

传授衣钵吗?

恐怕是的。

只不过,之前还要说法。

因此，惠能半夜三更进了方丈室，弘忍便为他讲《金刚经》。讲到"应无所住而生其心"时，惠能大彻大悟说：

众生的本性原来清净，
众生的本性不生不灭，
众生的本性具足佛性，
众生的本性不可动摇，
众生的本性包罗万象。

弘忍也立刻明白：禅宗六祖，非他莫属。

于是当即传他钵盂和袈裟，然后说：初祖西来之时无人相信，这才以此为信物。现在立足已稳，不可再传。衣钵本是争端，传衣命若悬丝。此处不可久留，快走快走！

六 开创南宗

你度我度，师度自度，
唯其自度，方能普度。

左辅·浪淘沙

现在看来，弘忍传衣钵给惠能，是冒了风险的。他也很清楚，仅凭一则偈子，就将还没有剃度的勤杂工指定为宗门祖师，不要说神秀不服，恐怕也难服众。所以，他才要惠能连夜离开东禅寺，而且亲自把惠能送到了江边。

上船以后，惠能说：和尚请坐，弟子摇橹。

弘忍不肯。

他说：本该我来度你。

这又是一语双关。

我们知道，佛教认为，佛跟凡夫生活在两个不同的世界或境界，就像汪洋大海的两岸。芸芸众生的是**此岸**，佛菩萨的是**彼岸**。此岸痛苦不堪，彼岸幸福无比。因此，修成正果者都有神圣的使命，让其他人离开此岸，到达彼岸。

这就叫**度**，也叫**救度**。

救度就是度越生死，也是脱离苦海，但不写成渡江渡海的"渡"，而写成尺度的"度"，尽管意思相同，也谐音。

怎样度呢？

发大慈悲

什么叫慈悲？

爱护众生，给予欢乐，就叫**慈**。

怜悯众生，拔除苦难，就叫**悲**。

慈与悲，是菩萨心肠的两面。有此心肠，就能像船一样帮助人们出离生死苦海，到达幸福彼岸，叫**慈航**。[24]

慈航是惠及众生的，叫：

慈航普度

所以，度人是为师的职责所在。

渡惠能过江，就是度他到彼岸。

惠能却说：迷时师度，悟了自度。

意思也很清楚：我不明白的时候，感谢老师度我。现在已经开悟，当然自己度自己。

这话很对。

到达彼岸，毕竟是每个人自己的事。

弘忍大喜过望，连连点头：是这样，正是这样啊！

师徒二人就此别过。弘忍回到东禅寺，不再升堂。惠能则一路南行回到广东，然后隐姓埋名，潜伏下来。因为他很清楚，自己成为衣钵传人，不少人不服气。所以，他悄悄地整整等了十五年，直到时机成熟才公开亮明身份。

惠能现身是在广州法性寺。

时间是在唐高宗仪凤元年正月初八。

那天，寺庙里面的幡（旗帜）翩然起舞。

刚刚听完住持印宗法师讲《涅槃经》的一众僧人，便七嘴八舌地讨论起这个问题。

问：幡是无情物，没有意识，怎么会动？

答：风吹幡动。

又问：风也是无情物，怎么会动？

有人说：因缘和合。

也有人说：幡不动，风自动。

这时，惠能从人群中站了出来，对众僧一声断喝：什么风动，什么幡动，都不过是你们心动！

正在一旁休息的印宗法师大吃一惊。

吃惊并不奇怪。因为佛教最看重的就是心，认为一切皆由心造，万法皆由心生，所以管它叫**心地**，意思是心灵就像土地，可以生长万物。我们平时说某某人心地善良，某某人心地狭窄，这"心地"二字就从佛教来。

还有**心田**，也是佛教名词，意思跟心地一样。

这样看，风动幡动，岂非都是心动？

不过，如此透彻了悟，一般人做不到。

能说出这话的，必是肉身菩萨。

于是印宗法师客客气气地把惠能请进方丈室，继续探讨风幡问题。惠能也不含糊，从容不迫地将原理慢慢道来。印宗越听越入迷，越听越激动，竟不知不觉站起来说：早就风闻黄梅的衣法到了岭南，莫非就是行者您？

黄梅就是弘忍，衣法则指衣钵和佛法。

这话的意思是：莫非您就是禅宗六祖？

惠能说：不敢。

印宗说：请出示衣钵，以告众人。

惠能这才把衣钵拿了出来。

印宗问：黄梅有什么指教？

惠能说：没有指教。

印宗问：为什么没有？

惠能说：因为禅定解脱都是二法，不是佛法。

印宗问：什么是二法？什么是佛法？

惠能说：人们都说有常，有无常；有善，有不善。这其实就是有了分别心，也就是二法。佛性却既不是常，也不是无常；既不是善，也不是不善，所以叫"不二"。

不二，就是"非常非无常，非善非无善"。

这也就是佛性。

明白常与无常、善与不善并无区别，便是不二之法。

这也就是佛法。

难怪最好或唯一的途径，叫作**不二法门**。

印宗听了满心欢喜。他说，印宗凡夫俗子，以前讲的都是瓦片，行者您讲的才是真金。

当下就要拜惠能为师。

惠能说：我的头发还没剃呢！

印宗便为惠能剃度，然后再拜惠能为师。

此后，惠能便在岭南升坛说法，开宗立派，只不过遵照弘忍的嘱咐不再传衣钵。接班人也就是法嗣当然还有，却未必只有一个。这是很高明的。实际上，不传衣钵，法嗣的人数就不受限制，岂非更加有利于佛法的弘扬？

结果也正是如此。由于惠能之后法嗣不再单传，接班人甚至还各自开宗立派，队伍便空前地壮大起来。比如为禅宗树碑立传的《五灯会元》，从西天七佛开始，收录佛教人物约二千六百名左右，其中二千四五百是惠能的徒子徒孙。

这可真是子子孙孙没有穷尽。

惠能，当然地成为中国禅宗的六祖。

这是划时代的事情。因为直到这时，禅宗才真正成为中国佛教的一个宗派，也才开始成为中华文明相当重要的组成部分。这不能不归功于惠能对法嗣制度的毅然改革，对禅宗宗旨的透彻了悟。是啊，本来无一物，要什么衣钵呢？

一个文盲，就这样成为祖师。

衣钵不见了，禅宗也从此分为两支。惠能在岭南创立的叫作南宗，神秀代表的则称为北宗。只不过，最终风行于中华大地的是南宗。南宗与禅宗合而为一，提到北宗时才需要特别加以说明。开遍中华大地的，是惠能手里那朵花。

这样看，惠能其实是中土禅宗的初祖。

那么，被历史认可的，为什么是惠能的南宗呢？

七 净土宗的努力

○ 刘姥姥

花儿鲜,果儿甜,
　欢天喜地结善缘。
梁武帝舍身同泰寺,
刘姥姥进了大观园。

风绵绵,雨绵绵,
　福田原本在心田。
休问四百八十寺,
姥姥才是大观园。

禅宗南宗大受青睐，是因为顺应了历史的需求。

需求有中华文明的，也有佛教自己的。

那就先说佛教。

佛教传入中国后，面临的第一个问题是水土不服。我们知道，中华本土并没有宗教传统，道教是佛教来了以后才被创造出来的。所以从东汉到魏晋，这个外来宗教往往被大多数人看作巫术的一种，龟兹和尚佛图澄更是只好靠装神弄鬼变魔术来打动那胡人皇帝。这当然不行，也才有了玄奘法师不顾千难万险，宁可偷渡出国也要取回真经的壮举。

这是佛教试图保持纯正性的巨大努力。

然而怎么样呢？

可怜无补费精神。

没错，玄奘法师载誉归来时，受到了太宗皇帝礼遇有加的隆重接待，长安市民万人空巷的热烈欢迎。帝国政府还为法师的译经活动提供了种种方便和大力支持，玄奘和他的弟子窥基也共同创立了法相宗唯识论，这不能说不成功。

可惜没过多久，就被忘得一干二净。

为什么呢？

因为太专业也太难懂了。

比方说，阿赖耶识（Ālaya-vijñāna），有人懂吗？

没有，而且根本无法意译。

外境非有，内识非无，懂吗？

三界唯心，万法唯识，懂吗？

这还是最浅显的。

其他，就相当于高等数学。

何况就算弄懂了又能如何？

能立地成佛么？

不能。

那就不学也罢。

伟大的玄奘法师，也只好活在《西游记》里。

那么，佛教又怎样才能立足华夏，站住脚跟呢？

一要简单，二要实用，三要中国化。

因此，兴旺起来的，是净土宗和禅宗。

净土宗和禅宗都是中国佛教的宗派，也都是中国人最喜欢的宗派。不同的是，知识界对禅情有独钟，一般民众则多修净土。净土宗的最受欢迎之处，是道理通俗易懂，方法简单易行。即便目不识丁，也能借此脱离苦海。

怎么做呢？

求来世，求往生。

净土宗告诉信众，我们的人生是很苦的。那幼小的生命刚刚形成时，被安置在名叫子宫的空间里，浸泡在名叫羊水的液体中。母亲喝一口热汤我们浑身滚烫，母亲喝一口凉茶我们浑身颤抖，真可谓水深火热，暗无天日。

结果怎么样呢？

备受煎熬的我们忍无可忍，破门而出。然而出生的道路是那样狭窄，落到产褥上时又那样疼痛，结果所有的婴儿无不哇的一声哭了出来。诸位说，是也不是？

当然是。想想看，有谁落地笑呵呵？

接下来的道路也不平坦，忧虑和恐惧则伴随终身。皇帝怕篡位，官员怕免职，商人怕赔本，盗贼怕杀头，谁家没有难念的经？爱人生离死别，冤家狭路相逢，人生在世，不如意十有八九：好事难求，坏事难躲；我爱的名花有主，爱我的惨不忍睹。诸位说，苦也不苦？[25]

确实，做得人上人，滋味又如何？

唉，人生是苦啊！

这在佛教那里，就叫**苦谛**。

谛就是真理，而且是颠扑不破的。这样的真理在佛教中有四个，叫**四圣谛**，第一条就是苦。佛教说，当年释迦牟尼身为王子却毅然出家，就因为在王城的四个门看见了生老病死四种痛苦，这才决定寻找出路，也才创立了佛教。

也就是说，佛教是要救苦救难的。

这就要查找原因，解决问题，以便脱离苦海。

原因找对了，就叫**集谛**。

方法找对了，就叫**灭谛**。

目标实现了，就叫**道谛**。

再加上苦谛，就叫四圣谛，梁武帝问过的。

那么，人生是苦，原因何在呢？

净土宗说：很简单，生错地方了。

生在哪儿了？

东方秽土。

秽土也叫秽国，就是我们生活的人世间。

那该怎么办？

也很简单，移民呀！

移到哪里？

西方净土。

净土是佛住的地方，所以也叫佛国。佛有无数，净土也无数，但无论哪片净土都没有苦难。因此，只要从东方秽土移民到西方净土，就会在佛光普照之下幸福无比。

如此当然甚好，问题是去得了吗？

去得了。我佛慈悲，普度众生。

只要皈依佛门，便是办了签证。

现在就去行吗？

不好意思，只能下辈子。

所以净土宗的移民，专有名词叫**往生**。

不过，只要往生西方净土，就能永居，不用担心再下辈子会不会回到东方秽土，吃二遍苦，受二茬罪。

好吧！那么请问，手续怎么办呢？

很简单，念诵"南无阿弥陀佛"就行。

"南无"不能读成难吴，要读如那摩，意思是致敬。

为什么要向阿弥陀佛致敬？

因为阿弥陀佛是西方极乐世界的教主，也是往生净土的接引佛。只要虔诚信仰阿弥陀佛并向他致敬，他就能在你临终之时把你接到西方净土去，还给你办永久居住证。[26]

阿弥陀佛真是慈悲为怀。

比某些国家的移民局官员好多了。

芸芸众生，终于脱离苦海。

慈航普度的理念，也落到了实处。

这可真是通俗易懂，这可真是简单易行。

不过，为了保证在临终之时致敬阿弥陀佛，平时就要不断念诵他的圣号。如果到时候忘了，就只能等下一次。那可真不知道是驴年马月，说不定你已经变驴变马了。

现在很清楚：

人生是苦，回答了是什么的问题。

生错地方，回答了为什么的问题。

往生净土，回答了怎么办的问题。

念诵阿弥陀佛圣号，回答了如何操作的问题。

那么请问，还有问题吗？

有。往生净土虽然好，却得等到来世。来日方长，我们可是眼前这道坎就过不去，请问有办法吗？

也有。虔诚地念诵"南无观世音菩萨"。

为什么要念诵观音？

因为观音是中国的圣母，有一大使命、四大特点。使命就是救苦救难，特点则是大慈大悲、有求必应、千手千眼和万千化身。大慈大悲就有心救苦救难，千手千眼就看得见人间苦难，万千化身就能够及时来到你的身边。再加上有求必应的菩萨心肠，请问你还有什么可担心的？

因此只要念诵观音圣号，一切难题都会迎刃而解。

念诵也有三种方式。

第一种是吟唱《大悲咒》：

千手千眼，观世音菩萨。

广大圆满啊，无碍大悲心陀罗尼。

南无！

第二种是吟唱《观音圣号》，也是有曲谱的。

再就是像念诵阿弥陀佛那样，口念或默诵观音。

这实在是太好了。观音菩萨解决现实问题，阿弥陀佛解决归宿问题，今生来世都有保障。而且修行的方式简单到只要念诵一声，既不苦，也不难，还很方便，再没文化的愚夫愚妇也都学得会做得到，可谓无障碍通道。

既然如此，那又何必去学什么唯识论？

净土宗信众甚多，并非没有道理。

可惜，它仍然有麻烦。

八 佛教的难题

若不能讨皇家欢喜，
佛教不但没有饭吃，
只怕连吃饭的家伙都没了。

独饮

净土宗的最大问题是皇家不喜欢，原因则简单到只需要问一个问题就行了：西方净土有皇帝的特殊地位吗？

对不起，没有。

极乐世界，众生平等。

那么，这让至尊天子情何以堪？

至少，皇帝是不想去的。

文武百官，也就都不好意思去了。

踊跃前往的，便只有匹夫匹妇，引车卖浆者流。

帝国的统治者甚至有理由怀疑这是一个阴谋，因为所谓来世谁都无法证明。无法证明的东西，为什么要鼓吹？难道不是要用它来颠覆君君臣臣的现存秩序，甚至政权？

可疑呀，相当可疑。

净土宗却偏偏为这种怀疑提供了证据。

证据之一，是慧远的《沙门不敬王者论》五篇。

慧远是东晋高僧、净土宗的始祖，沙门则是佛教僧尼的梵文称呼。沙门不敬王者，说白了就是见皇帝不磕头，只是双手合十表示敬意。理由是他们已经出家，是佛弟子而非帝国的臣民。或者如慧远所说，是方外的客人。

呵呵！这还了得？

恐怕是要与皇权结下梁子。众所周知，普天之下，莫非王土，率土之滨，莫非王臣，哪来的"方外之宾"？这不是明摆着要造反吗？至少也是挑衅。皇帝乃万民之主，帝国乃一统江山，岂能容忍这些家伙剃了头发就强词夺理？

好吧！不磕头，那就砍头。

有个和尚就差点被杀。

此人叫法琳，他得罪的皇帝是唐太宗。唐太宗在贞观十一年（637）颁布命令，宣布道教的地位在佛教之上。这当然是出于政治的需要，因为被他们取代的隋是尊佛的，何况被道教尊为教主的老子据说还姓李，跟李唐算是一家人。

法琳却跳出来唱反调。他对唐太宗说，陛下的李氏出自鲜卑，与陇西李氏毫无关系，跟老子也八竿子打不着。大唐是胡人的王朝，应该尊奉胡人的宗教。何况拓跋氏的血统比老子高贵多了，为什么要崇道抑佛呢？

法琳自以为得计，却没想到犯了大忌，李氏父子最痛恨的就是把他们视为胡人。想当年，纯正鲜卑血统的北周武帝宇文邕灭佛时，就明确而坦然地宣布自己不是胡人，也不怕下阿鼻地狱。法琳哪壶不开提哪壶，岂非找死？

　　勃然大怒的太宗皇帝将法琳打入死牢，下令说：法琳不是声称口诵观音的人刀枪不入吗？那好，就让他在狱中好好念诵菩萨的圣号，七天之后再来试刀。

　　期满之日，执法官问：怎么样，念观音了吗？

　　法琳说：没有。贫僧不念观音。

　　执法官问：那你念什么？

　　法琳答：念陛下。

　　执法官说：你怎么念起陛下来？

　　法琳答：因为陛下就是观音。

　　太宗皇帝轻蔑地撇了撇嘴，将法琳流放到益州。[27]

　　大家说，观音菩萨管用吗？

　　当然，法琳招来杀身之祸并非因为不磕头，磕头的问题到唐玄宗之后也不再争论。这其实要算佛教运气好，唐毕竟开明，宋就更开明，元又实行多元文化政策。如此这般习惯成自然，以后就没法再要他们磕头。如果佛教在明清两代才传入中国，能够不敬王者吗？摸摸你有几个脑袋。[28]

　　但，这并不等于皇家就多么喜欢佛教。

喜欢的也有，比如武则天。她的情人就是个和尚，名叫薛怀义，担任过洛阳白马寺的住持。女皇陛下还让他承包了儒家圣殿明堂的建设工程，薛怀义则在明堂的后面又建佛教天堂，堂中佛像巨大到小指头上就能站好几个人。[29]

然而这不过是为了跟崇尚道教的李唐作对，以及满足她个人的欲望，包括权力和肉体的。薛怀义也原本是洛阳街头卖狗皮膏药的小混混，只是为了方便出入后宫才被安排削发为僧。因此，这个假和尚和他的工程其实与佛教无关。

何况武则天是什么人？无论是开杀戒还是开色戒，她都不会眨眼睛，上朝和上床也两不耽误。她可没有什么坚定的信仰。如果李唐崇佛，薛怀义就会变成道士了。

皇帝个人的好恶，说明不了什么。

相反，佛教让统治者放心不下则几乎是当然的。五胡十六国以后，僧尼不入编户，不纳赋税，不敬王者，许多寺院甚至有着自己的法律法规和武装力量，叫僧律和僧兵。这就俨然王土之上的国中之国。万幸啊万幸，幸亏它们规模有限也未联成一体，否则那些方丈岂非割据的诸侯？[30]

更严重的是，靠着佛教，外来文化和异端邪说有了"思想租界"。那些崇洋媚外和离经叛道的异己分子，完全可以躲进那里"政治避难"，以佛祖的名义蛊惑人心，不断挑战儒家伦理的底线，从而直接或间接地挑战皇权。

这很危险。寺院超过规模,会亡国;信徒超过数量,会亡种;文明根基动摇,会亡天下。因此,在统治阶级和正统儒家眼里,佛教岂止精神鸦片,简直就是定时炸弹。

至少在宋以前,是这样。

儒家士大夫对佛教也不满意。

不满意有两条:单身和姓释。

这两个问题确实严重。要知道,过不过性生活,是你自己的事;生不生孩子,却是全社会的事。如果所有人都不生孩子,请问我们民族将何以延续,劳动力又从哪里来?保家卫国当然也没有人。长此以往,岂非国将不国?

何况不孝有三,无后为大。毕竟,中华文明是以家族为本位的,人心的凝聚靠的是祖宗崇拜。既不生孩子,又不随父姓,西周奠定的文明基础岂不会被彻底颠覆?那可比改穿夷狄的服装,甚至比让胡人当皇帝,都严重多了。

的确,按照儒家的观念,不敬王者是无君,不随父姓是无父。无君无父,那就是禽兽;断子绝孙,那就是罪人。至于求往生净土,则是否定今生,当然也不感恩天地。天地君亲师,谓之五伦。五伦否定了四伦,那还了得?

慧远等人当然清楚问题的严重性,因此一再声明他们坚决维护皇权,在家修行的居士也应该尽忠尽孝。慧远甚至还提出,释迦牟尼与尧舜周孔都是真理的化身,佛教与儒学也只是表现形式有差别，终期目标却完全一致。或者说，同归证明了真理的统一性，殊途则体现了真理的多样性。[31]

可惜，这种辩解十分勉强，也难以成立。事实上，如果佛教的教义也是忠孝，则他们多余；如果反对忠孝，则他们危险。更何况，皇家只关心政权的稳固性，儒家只关心文明的延续性，他们都对真理的统一性和多样性不感兴趣。

显然，简单、实用和中国化这三个条件，净土宗只满足了两条，他们并不能解决佛教与中华文明传统，尤其是与儒家伦理的冲突。因此，仅仅只有净土宗，是无法让佛教在中国站稳脚跟的。必须有一种与儒家伦理和皇权政治完全没有冲突又能自成体系的宗派，才能彻底解决问题。

这个任务就落在了禅宗头上。

九 以人为本

卿不负于人

鬼说：我是死人变的。

神说：我是生前有功。

佛说：我是思想觉悟。

仙说：我是肉体飞升。

狗问：我呢？

妖说：欢迎加入我们的团队。

狗问：能做CEO吗？

妖说：你是创业狗吗？

狗说：我是禅修狗。

妖说：那你还是成佛吧！

禅宗对净土宗嗤之以鼻。

惠能就讽刺说：

> 东方人遭罪，念佛求生西方。
> 西方人遭罪，念佛求生何方？[32]

这一声断喝，当时就把不少人镇住了。

其实，惠能是不对的，他偷换了概念。实际上，佛教说的西方不是中国的西边，不是印度。西边也是人世，也是秽土和秽国。净土则是佛住的地方，是佛国或者天国。那儿的人怎么会遭罪受苦，又哪里用得着换地方？

惠能强词夺理。

但,不通归不通,却有用。

什么用?

让佛教变得更像佛教,也更适合中国国情。

此话怎讲?

恐怕得从头说起。

我们知道,按照国际学术界的共识,宗教这个词有两个来源,一是来自拉丁语的religare,意思是通神;二是来自拉丁语的religio,意思是敬神。总之,按照这个理解,宗教就是人以恭敬的态度,实现与神的联结或者再结。[33]

汉语却不同。教是教化,宗则既是根本和主旨,比如万变不离其宗;也是尊崇和归往,比如百川朝宗于海。因此汉语"宗教"的本义是"以某种教化为宗"的意思。教化可以有多种,但都来自人,比如孔子或老子。

华夏文明与其他某些文明的区别一目了然:

他们以神为本,我们以人为本。

以神为本的宗教也有两种。

第一种是**多神教**,比如印度教。

印度教的神很多，主神就有三个，他们是：

梵天：世界的创造者。
毗湿奴（毗读如皮）：世界的维护者。
湿婆：世界的破坏者和重建者。

还有一种是**一神教**，世界上一共三种：

犹太教：以雅赫维为唯一的神。
基督教：以耶和华也就是上帝为唯一的神。
伊斯兰教：以安拉为唯一的神，也叫真主。

三大一神教都是人与神的联结或者再结，所以他们也都有先知。先知就是受唯一之神启示并传达其旨意的人，因此他们都是**天启宗教**，只不过对先知的理解不同：

犹太先知：一群智慧的人。
耶稣基督：神之子。
穆罕默德：最后受神启示的人，叫"封印先知"。

现在再来看佛教。

佛教与基督教和伊斯兰教同为三大**世界宗教**，他们之间最大区别在于佛教没有神，只有佛。

佛不是神，理由有三条：

释迦牟尼八十岁时就跟普通人一样去世。
他也不是死了以后才成佛的，生前就已经是。
佛祖没有得到过上帝或天使的启示，是自己成佛的。

这，怎么会是神呢？
摩诃迦叶他们，就更不是。
佛教也不是天启宗教。
现在问题来了：只有唯一神的是一神教，有许多神的是多神教；什么神都没有的，是什么教？
也只能发明一个词：

无神教

宗教而无神，这是一个悖论。佛教也只好朝有神的方向发展，建寺庙，树偶像，把佛祖和菩萨当作神来崇拜，寺庙里面还做起法事来。这样做虽然并非释迦牟尼本意，却符合信众的心理需求，看起来也更像宗教的样子。

想想也是。如果佛菩萨不是神，也没有无边法力，请问怎样成为宗教，我们又信他干什么呢？

只有禅宗坚持**佛也是人**，理由正是生前成佛。

那又怎么样呢？

大家都是人，就平等。**佛能成佛，我们也能。**

这就是思想解放了，意义非常重大。事实上，一种宗教或者思潮要想得到广泛关注和认可，就不能高高在上，反倒必须放下身段贴近大众。佛也是人，至少有亲切感；大家都能成佛，就更是给人希望，岂能不大受欢迎？

与此同时，**佛教与华夏文明也有了契合点。**

众所周知，至少从商周开始，我们民族就有鬼神崇拜和神话系统，也相信超自然的神秘力量。只不过，这套系统是**以人为本**的，鬼神的存在首先是为了人的生存。他们或者赐福于人，或者降灾于世，让人悲喜交加。这就要跟鬼神进行协商，甚至谈条件做生意，所以有了祭祀和祭品。

这是商人的观点。

周人又进一步，认为鬼神存在是为了让人有道德。鬼神监视着人的行为，行善积德就赐福，作恶多端就降灾，简直就像廉政公署或者纪律检查委员会，不仅保证风调雨顺五谷丰登财源广进，就连精神文明建设也管了起来。

很清楚，没有人，鬼神的存在就没有意义。

这难道不是以人为本？

何况鬼神原本就是人。

鬼就是死人。人死为鬼，理所当然，没有贬义，因此就连祖宗也叫鬼。只有个别对国家民族有大功德的，比如治水的大禹，死了以后是**神**。这有点像古罗马，他们的开国之君罗慕路斯和祖国之父恺撒就在死后被尊为神。总之，成为神必须有杰出贡献，一般人或贡献不大的就只能做鬼。

做鬼也未必不好，关键在于是否后继有人。只要家族人丁兴旺，子孙延绵不绝，年年得到祭祀，其实风光。倒霉的是没有后代，或死无葬身之地，那就变成孤魂野鬼了。所以中国人最严重的诅咒，就是要对方断子绝孙。

实际上，鬼的地位正是由人决定的。比如商王死后虽然也是鬼，却叫**上帝**。在任商王，则叫下帝。可见上帝的意思是天上的帝王，不是基督教的God。对上帝的祭祀活动也是祖宗崇拜，与宗教无关。下帝与上帝血脉相承，大鬼和小鬼对应着大人和小人，鬼神世界其实是人的世界。

当然，也有不是人的，比如**牛鬼蛇神**。

牛鬼蛇神是体面的说法，准确地说是妖魔精怪。这是些半人半兽的家伙，跟古埃及的神比较像，大体上是力量大的叫魔，小的叫妖；女的叫妖精，男的叫妖怪。它们主要活跃在民间故事和神话中，不登大雅之堂，算不上重要角色。

重要角色是佛和仙，都是后来出现的。

仙就更是人，而且是活人。活人成仙，死人成神，仙与神的区别正在这里。这很可能是跟佛教学的，因为成佛的也是活人。至于仙与佛有什么不同，以后再说。

总之，鬼、神、仙、佛都是人。前两个是死人，后两个是活人。前三个是中国的，后面那个是外国的，但是放在一起却丝毫没有违和感，反倒成为一个完整的体系。

佛教与中华文明，是不是很契合？

外来文化中佛教影响最大，也并非没有原因。

不过，佛教与中华传统的契合以前很少有人注意，禅宗发现并强调这一点，就完全站在了中华文明的立场上，也为佛教争取到了发展空间。是啊，你们不是担心佛教颠覆传统文化吗？现在不必了，大家都是以人为本。

以人为本就必须立足现世，不能再讲来世。净土和彼岸当然可以讲，也应该讲，只不过得换种方式。就是说，既然净土宗的路走不通，那就另辟蹊径，曲线救国。

那么，禅宗的路又是怎样的？

十 回到人间

○ 闻笛赋

佛法在人间，不离世间觉。
离世觅菩提，恰如求兔角。

兔角兔角哪里有？
老兄老兄莫乱走。
听他和尚一声吼，
坐看白云变苍狗。

兔角兔角哪里有？
人间佛法君知否？
只要春风吹杨柳，
便是菩提茅台酒。

禅宗开辟的道路，是回到人间。

此话怎讲？

先讲个故事。

有一天，河北赵州的观音院来了好些僧徒。他们都是慕名而来的，因为六祖惠能的四世法孙、后来人称赵州和尚的从谂（读如审）禅师驻锡在那里。观音院的院主也就是监寺非常高兴，便请他老人家去给那些新人上开学第一课。

八十高龄的赵州和尚慈眉善眼。他走上前去，和蔼可亲地依次询问：同学，你以前到过我们寺院吗？

第一位新生双手合十答道：弟子来过。

赵州说：好好好，吃茶去。

又问另一个。

回答是：弟子没有来过。

赵州又说：好好好，吃茶去。

如此这般询问一遍，开学典礼就宣布结束。

而且，每次赵州和尚都说"吃茶去"。

这样一来，院主就不懂了。

他问：大和尚，前面那人来过的，你让他吃茶去。后面这个没来过，怎么也让他吃茶去？

赵州大声说：院主！

院主说：在！

赵州说：吃茶去！

啊！莫非禅就是吃茶？

当然不是。

因为他还说过别的。

有一次，有个新来的僧徒说：学生初来乍到，请大和尚慈悲，给弟子指点迷津。

赵州问：吃粥了吗？

僧徒说：吃了。

赵州又问：洗碗了吗？

僧徒说：没有。

赵州说：洗碗去！

那个僧徒猛醒，立刻就明白了。[34]

明白什么了?

佛法就在世间，修行就是生活。

实际上，这也正是批判净土宗的结果。
批判净土宗，怎么就回到人间了呢？
道理也很简单：
净土被否定，秽土就被肯定。
西方被否定，东方就被肯定。
来世被否定，现世就被肯定。
天国被否定，人间就被肯定。
那又怎么样？
就不用移民了呀！也不必等到下辈子。
这对于广大信众无疑是一个福音。中国人很现实。如果这里就是净土，现在就能成佛，谁愿意拖到来世？统治者也放心，因为肯定现世就意味着承认现存秩序。尽管僧尼见了皇帝仍然不磕头，居士们却是要磕的，三纲五常和君臣父子也不会被颠覆，岂非两全其美，皆大欢喜？
何况禅宗还进行了宗教改革。
改革者叫百丈怀海，是惠能的三世法孙，禅宗的第四代宗师。他的最大贡献是创立了《禅门规式》，明确详细地规定了禅宗寺院僧团的组织体制、宗教礼仪和生活方式,其中就包括这样一条规定:禅院的僧尼在学佛修道的同时必须参加生产劳动,自食其力,自己解决自己的生活问题。怀海本人更是亲自开荒种地,一日不作,一日不食。[35]

这件事意义重大。

前面说过,在宋以前,统治者对佛教并不放心,灭佛的事件一再发生。北魏的太武帝,北周的武帝,唐武宗和后周世宗,都有毁佛灭佛或整顿佛门之事,史称"三武一宗"四次大法难。在此接二连三的打击下,佛教岌岌可危。

胳膊拧不过大腿。要想生存,就得改革。

于是,佛教便通过种种方式和途径,包括对寺院规模和僧尼数量的自我控制,一再向统治者表明心曲:自己将永不谋求执政地位,也不打算将中华帝国变成中华佛国。惠能的弟子神会还在安史之乱时,以九十高龄挺身而出,设坛度僧收"香水钱"为唐肃宗筹集军费,让朝廷大为嘉许。[36]

但恐怕这还不够。

事实上,法难不仅有政治原因,也有经济原因——佛教僧尼非但不纳赋税,还要百姓供养。这就严重地影响到帝国的财政收入和国计民生,不能不引起反弹。实际上梁武帝就已经注意到这一点,这才带头提倡吃素以节约开支,尽管印度的佛教徒其实吃肉,也尽管他们的素菜并不便宜。[37]

没错,印度佛教忌讳的是荤而不是腥。荤是植物,包括葱蒜和韭菜,肉类则是腥。忌腥是梁武帝定的,理由是佛教反对杀生,真实原因其实是财政负担太重,吃不起了。

当然,荤腥并忌,从此成为中国佛教的规矩。

百丈怀海却清醒地意识到,佛教招人厌恶并不在于吃不吃肉,而在于寄生虫式的乞食制度,哪怕只吃咸菜稀粥。作为农业民族,华人在心理上是排斥不劳而获的,托钵求施难免让人反感。更重要的是,要想彻底打消统治者的顾虑,就必须让对方相信:寺院僧尼不但看破红尘清心寡欲,绝对不会谋反篡位,而且也不会增加国家的财政负担。

效果也令人满意,尽管过程漫长了一点。但至少,北宋以后佛教就安然无恙,中华文明也完全接受了禅宗,怀海的禅院制度甚至为儒家的书院所仿效。显然,改革为佛教重新赢得了尊重,也使禅僧与其他僧尼判然有别,使禅院从一般寺院分离出来,就连神秀的北宗都退出了历史舞台。[38]

禅,终于成为独立宗派和惠能系的一统天下。

怀海的田,并没有白种。

问题是,像农民一样干活,能悟到菩提智慧吗?

能。插秧能,打渔也能。

在实现农业机械化以前,插秧是基本农作之一。为了将集中培育的水稻秧苗分株定植在稻田中,农民必须低头弯腰一根根插秧。如果往前走，就会踩踏已经插好的秧苗，他们只能一步步往后退。然而一位僧人却在这简单重复的劳动中看出了大道理，并且写下了这样的示法偈：

> 手捏青苗种福田，低头便见水中天。
> 六根清净方成稻，退步原来是向前。[39]

没错，成稻就是成道，佛也正是水中之天。

退步原来是向前，更是充满哲理。

这可真是：心中有佛，处处是佛。

插秧的是布袋和尚，打渔的是船子和尚。船子和尚法号德诚，是惠能的四世法孙。他是靠摆渡载客过日子的。船钱随喜，客人也有一搭没一搭，所以还要打渔。只不过半条鱼都没钓着的事时有发生，船子和尚却是满心欢喜。

且看他的偈：

> 千尺丝纶直下垂，一波才动万波随。
> 夜静水寒鱼不食，满船空载月明归。[40]

哈哈！一无所获，满载而归。

这不就是没有分别心，这不就是"不二"吗？

船子和尚岂非修成正果!

好嘛!吃茶是学禅,洗碗是修行,插秧能成道,打渔能成佛,打不到更好,这可真是踏踏实实地回到了人间。

这就叫:

人间佛法

其实,六祖惠能早就说过:

> 佛法在世间,不离世间觉。
> 离世觅菩提,恰如求兔角。[41]

兔子头上有角吗?没有。

人世之外有佛法吗?也没有。

那你还不回到人间?

十一 立地成佛

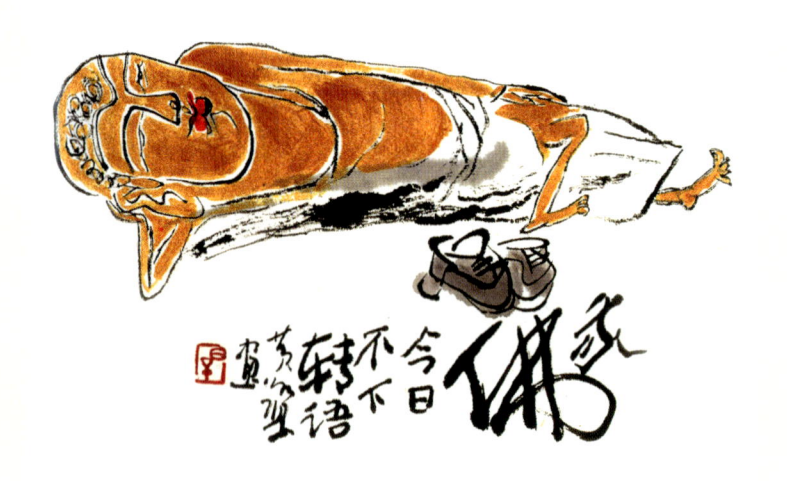

静静地你躺下了，正如你静静地来。
你静静地看着这世界，不带来一片云彩。

有什么无法琢磨？
有什么必须诉说？
有什么难以忘怀？
有什么不能错过？

回到人间，是佛教中国化的重要一步。

实际上百丈怀海创立的禅院制度和禅林清规，从组织上和思想上都渗入了中华的精神和主张。比如：丛林以无事为兴盛，长幼以慈和为进德，待客以至诚为供养，处众以谦恭为有礼，岂非温良恭俭让，再加道家的清静无为？他主张的农禅生活跟儒家提倡的耕读生涯，又何其相似乃尔！

但，这也只能让儒家放心，不等于让他们喜欢。

然而实际情况却是：唐宋两代的文人士大夫，包括那些反对佛教的人，都喜欢参禅。比如韩愈就是反佛的，由于反对皇帝迎佛骨还被贬到潮州。一封朝奏九重天，夕贬潮阳路八千，痛苦得很。到了潮州却跟禅师来往。

哈，他是反佛不反禅。

至于知识界，岂止不反禅，还以参禅为时尚。

比如白居易，就名列禅宗的谱系之中。

那么，儒家士大夫为什么对禅情有独钟？

原因很多。

但首先让他们动心的是这四个字：

立地成佛

这四个字包括两个内容：立地和成佛。

那就先说成佛。

成佛也包括两个问题：能不能成，这是可能性；怎么样才行，这是操作性。第一个不是问题，因为佛也是人。他也是人，我也是人。他能成佛，我怎么不能？

好吧！那么请问：什么时候？什么地方？

需要等到来世，往生净土吗？

不用。因为对净土宗的批判已经告诉我们：

成佛不用挪窝，此地就行，此刻就行。

剩下的问题只有一个：怎样才能成佛？

这就要先弄清楚：佛是什么？

佛是我们在寺庙里看见的样子吗？不是。那些塑像形态各异，坐着的叫坐佛，躺着的叫卧佛，站着的叫立佛。如果成佛就是变得跟他们一样，请问该是哪样？

更重要的是，这些都是佛的**色身**，不是**法身**。色身就是色相，是表面现象。法身则是实相，才是内在本质。只看见表面，看不见本质，不但没有成佛，反倒是糊涂虫。

那么，佛的本质特征是什么呢？

觉悟

实际上，佛是佛陀的简称，梵文Buddha的音译，意思是**觉悟的人**。我们知道，释迦牟尼本是净饭国王子，跟普通人并无两样。后来他成为佛或佛陀，就因为觉悟。

觉悟到什么呢？

无上正等正觉

这是能够真正掌握一切真理，如实了知所有事物，从而达到无所不知境界的**最高智慧**。由于佛祖是在菩提树下悟得这个智慧的，所以有人又把它叫作**菩提智慧**。

释迦牟尼有此智慧，因此是佛。

不过觉悟以后，就非同常人。所以，汉字便写成半边表示否定，半边表示是人的**佛**。

佛，是人，同时又不是人，当然也不是神仙。

神是只有灵魂。
仙是肉体飞升。
佛是思想转变。

转变了，也还是人，但不是一般人。一般人叫：

众生

也就是没有觉悟的。
由此可见：

佛与众生的本质区别就在觉悟。

觉悟也有三个要求：

自觉： 自己觉悟。
觉他： 让别人、让众生觉悟。

觉行圆满：所思和所得，度己和度人，自觉和觉他，思想和行为，都完美无缺。

三条都没有，是**众生**。
能够自觉的，是**罗汉**。
自觉觉他的，是**菩萨**。
全都做到的，是**佛**。
佛、菩萨、罗汉，是从高到低的三个**果位**。
果位，就是修成正果的不同境界。
境界高低，只看觉悟程度。
至于成佛的时候是什么样子，以后又是什么样子，无关紧要。佛，可以有各种样子，还可以没有样子。
没有样子，也是样子。
这就叫：**佛无定相**。
也因此，**禅非坐卧**。
由此可以得出结论：

佛教，就是主张觉悟的宗教。
成佛，则是从众生转变为觉悟的人。

现在，什么都清楚了吧?

清楚了,但是还有问题。

什么问题?

何时转变?怎样转变?

对此,南宗和北宗有分歧。

北宗主张慢慢来,渐入佳境,叫:

渐悟

南宗主张刹那间,顿时觉悟,叫:

顿悟

这就叫**南顿北渐**。

那么,哪个对?

没有是非对错,高低优劣。惠能就说,本来正教并无顿悟和渐悟之分,只不过人与人有个体差异,有的敏捷,有的迟钝。迟钝的人修**渐教**,循序渐进;敏捷的人修**顿教**,立竿见影。但只要自识本心,自见本性,即无差别。[42]

这是很实在的说法。可惜没人承认自己迟钝,大家也都希望速成,南宗作为顿教当然大受欢迎。

问题是,顿悟成佛有可能吗?

有，因为佛教认为：

> 一切众生，悉有佛性。[43]

这个观点很重要，而且至关重要。

为什么呢？

因为佛教有个使命，叫：

普度众生

如此使命，当然神圣。但是这样一来，就有了一个绕不过去的问题：众生能够普度吗？

当然能。否则，岂不成了吹牛？

那么，众生为什么能够普度？

因为人性中原本就有佛性，只不过没被发现，也尚未开发出来。但它是存在的，存在于一切生命体中，就像还没有开花结果的种子，学佛修行不过浇水施肥。如果众生的心里是块石头，那么无论哪个宗派岂非都是徒劳？[44]

这样说当然在理，但是有问题。

什么问题？

众生皆有佛性，请问坏人有没有？

当然有，因为坏人也是众生。更何况，**度得了恶人才是真普度，容得了小人才是真宽容**。如果人人都是菩萨，满街都是圣贤，还用得着宽容，用得着普度吗？

所以，慈悲为怀不看对象，普度众生不设门槛，认定佛性当然也不论善恶。事实上，佛教关心的不是善恶，也不是美丑，而是觉悟与不觉悟。只要能够悟得正等正觉，你又管他是什么人？再说了，浪子回头金不换啊！

那么好了。既然众生皆有佛性，坏人也能成佛，顿悟就完全可能。因为迷即佛众生，悟即众生佛。佛与众生，不但可以相互转化，而且只有一念之差，叫：

> 一念悟时，众生是佛。[45]

哈！一念之差，要很长时间吗？

分分钟吧！

如此说来，再苦再难也不要紧？

不要紧。苦海无边，回头是岸。

作恶多端也没关系？

没关系。放下屠刀，立地成佛。

这下子所有人都高兴了，尤其是士大夫。

十二 机锋与破执

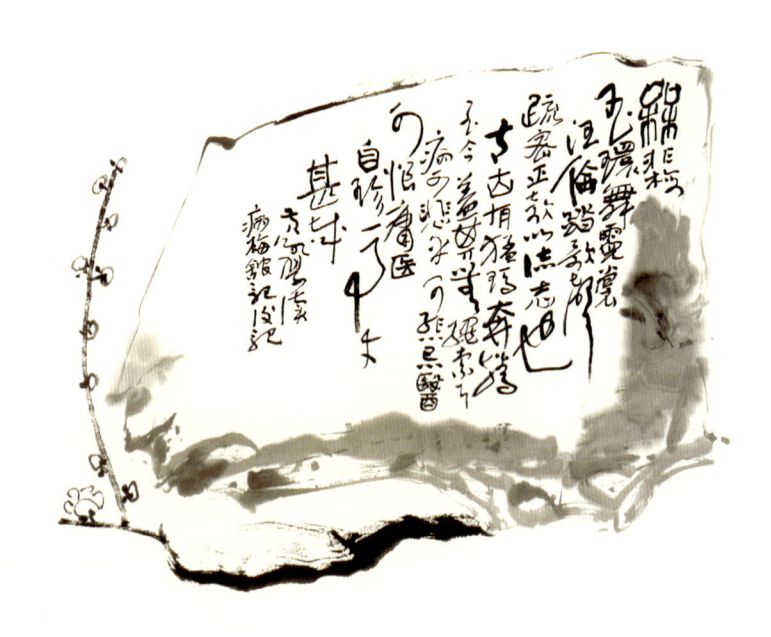

梅非梅，
　非非梅，
　非亦梅亦非梅，
　非非梅非非梅，
　　是梅也。

士大夫喜欢禅宗，是因为他们一直很纠结。

纠结也不奇怪。我们知道，禅宗勃然兴起在唐，蔚然成风在宋。唐宋两代有什么特点呢？由于科举制度开始形成并走向成熟，中下层知识分子纷纷进入政界，官僚政治也正式取代了之前的贵族政治和门阀制度，而且定型。

唐宋在中华史上处于鼎盛时期，并非没有原因。

不过，这里面仍然有问题。

什么问题呢？

贵族是世袭的。只要不犯大错误，丢不了饭碗，也总能养尊处优。官员却是任命的。读书人可以平步青云，由布衣而卿相，也没准一落千丈，由显贵而潦倒。而且这种反差极大的变化就像顿悟成佛，也是分分钟的事。

怎样才能进退自如，便成了问题。

传统的说法是达则兼济天下，穷则独善其身。但是兼济容易独善难。独善不但要有心理承受能力，也要有安顿之处和宣泄渠道，禅宗便恰好帮了他们的忙。

怎样帮忙呢？

达则做官，穷则参禅呀！

而且还可以一边做官，一边参禅。

切换频道，也是分分钟的事。

这不就是进退自如吗？

更何况，参禅非常好玩。

苏东坡跟佛印禅师就经常一起玩。有一次他说：鸟宿池边树，僧敲月下门，可见和尚跟鸟是一对儿。

佛印回答：正是，就像贫僧跟学士您。[46]

苏东坡搬起石头砸了自己的脚。

啊，这不是智力游戏吗？难怪士大夫喜欢。

没错，是游戏，也是参禅。

这在禅宗那里，就叫：

机锋

什么叫机锋？

机是机遇、机缘、机警、机要，锋当然就是锋利。也就是说，利用机缘巧合，借助含有机要秘诀的语言，或一言不发的动作，或超常规的手段，一刀刺将过去。

刺过去干什么？

让你开窍呀！

这是禅宗用来开悟的手段，所以也叫：

禅机

那么，禅宗为什么要用这种手段来开悟？

因为觉悟成佛，说起来容易，做起来难。

比如梁武帝，就死不开窍。

其实这是一切众生的通病，就连某些号称禅师的人也未能免俗。唐末禅师祖印明，便曾这样向惠能叫板：

六祖当年不丈夫，倩人书壁自糊涂。

明明有偈言无物，却受他家一钵盂。[47]

意思也很清楚：你既然已知菩提无树，明镜非台，四大皆空，万法皆无，何必还要夺人衣钵？如此知行不一，骂作糊涂已是口下留情，且看你如何对答？

回答很容易，反问一句就够了：你既然透彻了悟，又何必多管闲事？衣钵固然空无，是非何尝不是？更何况，知道色相是色相，色相就不是色相；明白空无是空无，空无就不再空无。如此，则衣钵的受与不受，有何区别？

呵呵，既明万事皆无物，何必管他受钵盂！

看来，这个和尚成不了佛。

这就要弄清楚，不能觉悟，原因在哪？

禅宗认为，问题出在一个字：

执

什么是执？就是一根筋，死心眼，不开窍，非在一棵树上吊死不可。**执则迷，迷则不悟**，叫：

执迷不悟

所以，觉悟的关键是两个字：

破执

问题是，破执就要一刀刺将过去吗？

是的，因为破执极难，它有三关：

我执、法执、空执

首先要破的，是**我执**。

我执就是执着于我，比如我看见、我听说。这时就要告诉大家，世上有我是因为有法，诸法造就了我，叫：

我由法生

能破我执，就是罗汉。

第二步，是破**法执**。

法执就是执着于法，以为法就是真相。这又错了。实相无相。我固然是空，法也不是真如，也是虚的。这就叫：

万法皆空

能破法执，就是菩萨。

再升级，得破**空执**。

空执就是执着于空，开口闭口说空无。但是，一口咬定空无，就是实相吗？不是，因为这还是把无当作了有。何况我是空，法是空，空就不是空吗？也是。这就叫：

空也是空

能破空执，就是佛。
但这很难。
什么叫"空亦是空"？
大乘佛教中观派的表述是：

非有，非无，非亦有亦无，非非有非无。[48]

翻译成现代汉语就是：不是有，不是没有，不是又有又没有，也不是既没有有，也没有无。
所以，空亦是空，亦是不空。
请问，有几个人听得懂？
何况就算懂，也未必做得到。
比如法号玄机的唐代比丘尼。
玄机是浙江温州人，曾经去雪峰山挑战雪峰禅师。
雪峰问：师太从哪里来？
玄机答：大日山。
雪峰问：日头出了吗？

玄机答：出了就会融化雪峰。

雪峰马上知道来者不善，却只能忍住。因为这在禅门是常态，不但考验禅师的智商和修为，也能启迪智慧。

于是他换个话题说：敢问师太法号？

答：玄机。

雪峰又说：请问一天织多少布？

答：寸丝不挂。

说完，玄机便施礼告退。在她看来，这次挑战自己已经完胜。雪峰禅师想在她法号上做文章，故意把玄机的机说成是织布机。可惜呀可惜，雪峰没有想到，既然是玄机，当然就像菩提本无树，什么都没有，寸丝不挂啦！

哼哼，看他还有什么话说！

雪峰也不再搭话，只是客客气气地礼送玄机下山。然而走出山门才三五步，他就突然叫了一声。

雪峰说：玄机师太！

玄机问：什么事？

雪峰说：袈裟拖在地上了。

玄机马上回头看。

于是雪峰说，呵呵呵，好一个寸丝不挂！[49]

哈哈，她并没有破执。

这让我们想起了苏东坡的故事。

有次，苏东坡写了则示法偈给佛印看，最后两句是：

> 八风吹不动，端坐紫金莲。

所谓八风，就是八种影响情绪的原因，比如毁誉。

八风吹不动，当然境界极高。

佛印看完，批了两个字：放屁！

东坡大怒，坐船过江去找佛印理论。

佛印却呵呵一笑：八风吹不动，一屁过江来。[50]

哈哈，苏东坡也没有破执。

破执，忘我，岂非很难？

当然很难，所以要想办法。

十三 我心自有佛

纸上两只丹顶鹤，
心中一座明镜台，
想入禅门你就来。

○ 冻鹤

破执的手段有三种：常规、非常规、超常规。

先说常规的。

常规是明白道理，或者师父启发，或者自己觉悟。

兼而有之的，有德山宣鉴。

德山宣鉴是惠能的五世法孙，师父龙潭崇信。当时流行的习惯，是在禅师的法号前面加地名、寺名等等。宣鉴由于晚年在湖南常德的德山精舍驻锡，所以叫德山宣鉴。崇信则因为是成都龙潭寺的住持，因此被称为龙潭崇信。

不过，宣鉴原本是反对禅宗的。他说，我们出家人千辛万苦皓首穷经，尚且不能修成正果，惠能那岭南野蛮人却说什么不立文字，立地成佛，天底下哪有这样的道理？

于是便挑了担经书去龙潭寺，扬言要剿灭禅宗。

然而走到半路，就挨了一棒。

当时，一位老太太在路边卖烧饼。

德山宣鉴上前施礼。

烧饼婆婆问：法师有什么事？

德山宣鉴说：买点心。

烧饼婆婆问：法师挑的是什么书？

德山宣鉴说：《金刚经》。

烧饼婆婆说：好！我有一问。答得上来点心白送，答不上来请法师别处去买。

德山宣鉴想，我熟读佛经，还怕你问？

于是说：请讲！

烧饼婆婆说：《金刚经》上有句话，过去心不可得，现在心不可得，未来心不可得，请问法师要点哪个心？

德山宣鉴瞠目结舌。

是啊，一个烧饼婆婆的问题都回答不了，读那么多经书又有什么用？因此到了龙潭寺，他就已是强弩之末。不过宣鉴进入佛堂，还是雄赳赳气昂昂地大声嚷嚷说：久闻龙潭寺大名，今日来到此地，却是潭也不见，龙也不见。

崇信却一点都不生气。

他欠了欠身说：法师不是亲自来了吗？

这话可以有两种理解。

第一种：尽管敝寺潭也不见，龙也不见，但是法师屈尊亲自来了，岂不是潭也有了，龙也有了？第二种则是：既然敝寺潭也不见，龙也不见，法师为什么还要亲自来？

无论哪种，宣鉴都接不住招，只好行礼。

当然，他也留了下来。

某天晚上，宣鉴照例侍立在龙潭崇信身旁。崇信见天色已晚，便让他回房间去。当时夜深人静，星月全无，宣鉴走出门外，回过头说：天太黑。

崇信便为他点燃了烛火。

宣鉴伸手去接，崇信却又一口吹灭。

于是宣鉴顿时开悟，倒头便拜。

奇怪呀！从点烛到吹火，不过片刻时间，只有简简单单两个动作，宣鉴怎么就觉悟了呢？

这就牵涉到一个概念：

传灯

佛家认为，佛法就像明灯，可以照亮人心，也可以照破黑暗，因此把传法叫作传灯，佛法相传称为如灯传照。他们甚至还有传灯法会这样的仪式，信众们手捧莲花座灯，相互传递，接连不断，意在让慈光普照世间。

所以，崇信点燃烛火就意味深长。

没错，他是在传灯。

不过，要理解这一点，我们必须知道，禅师传法跟数学老师上课可不相同。数学老师那里，一是一，二是二。禅师传法则相反，一不是一，二不是二。他们的动作和说话都有言外之意，或者说都隐含着让人觉悟开窍的暗道机关。发现暗道，触动机关，就会豁然开朗，悟得禅意。

这就是前面说过的**禅机**。

不妨把当时的场景再回放一下。

宣鉴说天太黑。

言外之意为：这世界太黑暗。

崇信点燃烛火。

言外之意为：佛法就是明灯。

那么，为什么又一口吹灭了呢？

不吹灭，就没有言外之意了。因为宣鉴说天太黑，很可能只是陈述事实。如果崇信为他点燃烛火之后，宣鉴接过来举着回房间去，便没有后面的戏，也不会有什么禅机。

所以，必须吹灭，给他觉悟的机会。

有机会，才是禅机。

幸运的是宣鉴开悟了。这样一来，说天太黑才有了这世界太黑暗的意思，点燃烛火也才意味着佛法就是明灯。更重要的是，宣鉴明白了这盏明灯原本就在自己心里，师父不过帮着点一下，所以还得吹灭。烛火吹灭之际，便是心灯燃起之时。没有这个觉悟，崇信也是枉费心机。

这就告诉我们：

机会都是自己抓住的。

因此，宣鉴心中那盏灯其实是他自己点亮的。但是没有崇信，就点不亮。崇信不把那烛火吹灭，也不行。点灯吹灯是启迪，瞬间明白是顿悟，本案堪称传法的范例。

其中蕴含的道理，则正是禅宗的主张：

直指人心，见性成佛。

宣鉴点亮了心灯，就是发现了自我。于是第二天，他就烧掉了带来的经书和笔记，彻底皈依了禅宗。是啊，两个动作就能顿悟成佛，为什么还要读经呢？[51]

所以说：**读经无用**。

当然，如果你觉得读经很好，完全可以读。

读经不是禅。一定不能读，也是执。

那么，打坐吗？

不打,因为**坐禅无功**。

坐禅无功,是第二个道理。

还是先讲故事。

故事是马祖道一和他师父南岳怀让的。

这两个人可了不得。前者是中国禅宗第三代宗师,由于俗姓马而法号道一,所以叫马祖道一。后者则是六祖惠能的亲炙弟子,由于在南岳衡山般若寺做住持,法号怀让,所以叫南岳怀让。只不过,道一刚开始的时候,也打坐。

其实这不奇怪。因为禅(Dhyāna)又叫禅那,在梵文中的本义是静虑,英文通常翻译为Meditation,意思是沉思或者冥想,通俗地说就是发呆。所以在一般人看来,心无旁骛呆如木鸡地坐在那里,眼观鼻,鼻观心,就是禅。

何况发呆也不错,至少心里没有乱七八糟的念头。运气好的话,还会有飘然欲仙或灵魂出窍的感觉。这时,是可能有灵感的。哲学家和艺术家喜欢发呆,道理就在这里。佛门弟子往往都要学习打坐,原因也在这里。

可惜,这不是禅宗的禅。

老是傻乎乎地坐在那里,也成不了佛。

于是,师父便去禅房看他。

怀让问:年轻人,你在这里坐禅,究竟图什么?

道一说:成佛。

南岳怀让便找了块砖头,在墙上磨。

道一问:和尚磨砖干什么?

怀让说:做镜子。

道一说:磨砖岂能成镜?

怀让说:磨砖不能成镜,坐禅岂能成佛?

道一问:那要怎么样?

怀让说:牛车不动,该打车,还是打牛?

道一答不上来。

怀让说:你自己好好想想,到底是要学坐禅,还是要学做佛?如果学禅,禅非坐卧;如果学佛,佛无定相。像你这样整天坐禅,这不是学佛,是杀佛。

马祖道一如醍醐灌顶,顿悟。[52]

实际上,惠能早就说得很清楚:

> 我心自有佛,自佛是真佛。
> 自若无佛心,何处求真佛?[53]

这就是怀让不主张坐禅的原因。禅是车,心是牛。牛不肯走,你打车干什么?佛就在你心中,怎么不去找?

当然,牛若肯走,车也可坐,否则仍是执迷。

所以,如果你觉得打坐很好,也可以打。

一定不能打,也是执。

现在,我们可以把禅宗的主张总结为四句话:

净土无理。

佛也是人。

读经无用。

坐禅无功。

这就是禅宗破执之时要讲的基本道理。

如果讲不通,或者不明白呢?

那就得用**非常规手段**。

十四 当头棒喝

师徒对话

款识：

陟指竹问。

僧曰：还见么？

曰：见。

曰：竹来眼底，眼到竹边。

语出《景德传灯录》卷二十四。

偈云：

竹来眼底眼来竹，
蒂落之时瓜自熟。
磨镜砖头柱顶龙，
拈花就是传灯录。

非常规手段之一,是打哑谜。

最喜欢打哑谜的,是请喝茶的赵州。

这可是个会说话的。

不信,且看他如何见师父。

赵州的师父法号普愿,是马祖道一的法嗣,当时在安徽贵池的南泉寺做住持,所以叫南泉普愿。赵州去见他的时候还是没有受具足戒的沙弥,也就是通常说的小和尚。他行参拜礼时,名闻天下的普愿禅师正好躺在榻上休息。

普愿问:你的旁边是什么?

赵州说:佛像。

普愿问:现在还看得见佛像吗?

赵州说:看不见佛像,只见卧如来。

南泉普愿就坐起来了。

他问：你这沙弥，有师父吗？

赵州说：有。

普愿问：师父是谁？

赵州说：数九寒冬，恭请大和尚保重身体。

普愿立马收他为徒，后来又立他为嗣。

如此会说话的，应该也会教学生。但是跟这位赵州和尚学佛却一点都不容易。因为他对所有问题的回答，不是胡说八道东拉西扯，就是文不对题答非所问，让人不知所云。

不妨来看几段问答。

问：什么是上古佛心？

答：三个婆子排班拜。

问：什么是不变之义？

答：一个野雀儿从东飞过西。

问：达摩祖师为什么要来中国？

答：庭前柏树子。

问：柏树子也有佛性吗？

答：有。

又问：什么时候成佛？

答：虚空落地时。

再问：虚空什么时候落地？

答：柏树子成佛时。

请问，这是回答了呢，还是没回答？

当然是回答。

答案就是：

禅不可说

不可说，怎么学？

你自己去想。

其实，像赵州这样说话的不止一个，很多禅师都是。

比如石头希迁。

希迁本是六祖的学生，只不过当时还是沙弥。所以惠能圆寂之后，他就只好去见师兄，重新拜师。

前面说过，惠能不传衣钵，法嗣很多。但名气和成就最大的有两个，一个是马祖道一的师父南岳怀让，还有一个是江西吉安青原山静居寺的行思大和尚，叫青原行思。

行思问：你从哪里来？

希迁说：曹溪。

曹溪就是广东韶关南华寺，惠能弘法的地方。

行思问：带来什么心得？

希迁说：未到曹溪之前，不曾失去什么。

行思说：既然如此，为什么还要去曹溪？

希迁说：不到曹溪，怎知不失？

行思默然。

过了几天，行思又问：你从哪里来？

希迁说：曹溪。

行思举起拂尘问：曹溪还有这个么？

希迁说：不要说曹溪，西天也没有。

行思说：难道你到过西天？

希迁说：如果到了那就有。

行思还是不认他。

又过了几天，行思说：有人说岭南有消息来。

希迁说：有人不说岭南有消息。

行思问：那么，佛法从哪里来？

希迁说：都从这里去。

青原行思听了点头，便传法给他。

希迁得到印证以后，去了南岳衡山，在山中一块石头上结庵为寺，所以人称石头希迁，上课也像扔石头。

有一次，他的学生向他提问。

学生法号道悟，是龙潭崇信的师父，德山宣鉴的师祖。

道悟问：曹溪的意旨谁得到了？

希迁说：会佛法的人。

削过疑无迹，抽刀水更流。
庭前柏树子，白了少年头。

道悟问：老师得到了吗？

希迁说：没有。

道悟问：为什么没有。

希迁说：因为我不会佛法。

又一次，有人问：如何是祖师西来意？

希迁说：你去问柱子顶端的龙。

那人说：学生不会。

希迁说：我更不会。

这其实还算好，还有更加非常规的。

比如临济义玄。

临济义玄是马祖道一学生的学生的学生，跟前面说过的德山宣鉴同辈，但不同师父，也不同系统。德山宣鉴是青原行思的四世法孙，临济义玄则是南岳怀让系的。

这位可是既不读经，又不坐禅。

曾经有人问他：你这一堂僧人还看经吗？

临济义玄说：不看经。

那人又问：坐禅吗？

临济义玄说：不坐禅。

那人不懂：既不看经，又不坐禅，你们都做什么？

临济义玄说：成佛呀！

还听不懂吗？

那好，临济义玄就会对你吼起来。

实际上，喝斥和吼叫正是他的教学方法。而且不管说得对不对，都是一声断喝。后来，学生回答问题时也吼，师生对吼。临济义玄便说：这可不行。两个人同时吼起来，还分得清主次么？以后不得学老僧吼。[54]

这就叫**临济喝**。

除了喝斥和吼叫，还有痛打。

打人的是黄檗（读如波去声）希运。这人不但是临济义玄的师父，还是宗教改革家百丈怀海的徒弟。他打的人也非比寻常，一个是皇帝，另一个是师父。更奇葩的是，正因为他打了师父，才获得印证，成为百丈怀海的法嗣。

其实，希运拜师，就很奇葩。

怀海问：巍巍堂堂，从哪里来？

希运说：巍巍堂堂，从岭南来。

怀海问：巍巍堂堂，有什么事？

希运说：巍巍堂堂，没别的事。

这就算是入学了。

某天，怀海问：刚才你到哪里去？

希运说：大雄山下采菌子来。

怀海问：没看见老虎？

希运就学着老虎吼。

怀海则拿起斧头来。

希运立即冲上去打了怀海一巴掌。

怀海便对众人说：大雄山下有只大老虎，老汉今天亲自被咬了一口，你们可要注意呢！

这就算是毕业了。

毕业以后，就打皇帝。

皇帝就是唐宣宗李忱，不过李忱挨打的时候还小，也还没有继位，当时正在杭州一座禅院做沙弥。结果，正好遇见刚刚毕业的黄檗希运云游到此，在焚香礼佛。

于是李忱说：长老在此礼拜有何所求？

希运说：例行公事而已。

李忱说：例行公事有什么意义？

希运不回答，给了他一巴掌。

李忱说：太粗鲁了。

希运说：这是什么地方，讲什么粗啊细的？

说完，又是一巴掌。[55]

不过，打得凶的还不是黄檗希运，而是德山宣鉴。他上课时公然宣布：我的问题，答得上来三十棒，答不上来也三十棒。问他道理何在，对不起，三十棒。[56]

这就叫**德山棒**。

义玄临济喝，宣鉴德山棒，是当时传法的典型。

由此留下一个成语：

当头棒喝

有诗为证：

> 临济喝，德山棒，
> 长江后浪推前浪。
> 左一棒，右一棒，
> 前浪飞到山顶上。

> 站在山顶往下望，
> 不见当年老和尚，
> 只见野鸭入芦荡，
> 瘦的瘦来胖的胖。

问题是，如果当头棒喝也不管用呢？
恐怕就得动用超常规手段了。

十五　呵佛骂祖

○ 金瓶梅是谁

款识:

金瓶梅是谁?
红楼梦他妈。

戴花要戴大红花,
吃瓜要吃哈密瓜。
读书要读《红楼梦》,
红楼原来也有妈。

你有妈,我有妈,
和尚偏偏要出家。
杀佛杀祖杀罗汉,
天王老子不管他。

禅宗的超常规手段有点吓人，还是先讲故事。

故事是丹霞天然的。

这是个奇人。别人都只有一个师父，他倒有两个，马祖道一和石头希迁。两个师父还分属两个系统：石头希迁是青原行思系的，马祖道一是南岳怀让系的，但在当时都已名满天下。丹霞天然居然占尽风流，那他是什么人？

儒生，原本是准备到长安参加科举考试的。只因为途中遇到一位学佛的禅者，才彻底改变了人生。

禅者问：施主到哪里去？

丹霞天然说：考公务员。

禅者说：当公务员哪里比得上做活菩萨？

一句话点醒梦中人，丹霞天然立即改道。

到哪里去？

去江西见马祖道一。

马祖道一的故事前面讲过，他是南岳怀让用砖头磨镜子点醒的。丹霞天然见了马祖道一，既不磨镜子也不坐禅更不说话，只是跪下来把手放在额头上，意思是要剃度。

马祖道一明白：这家伙不好对付。

于是他说：石头希迁才是你师父。

丹霞天然被当作烫手山芋一脚踢到南岳衡山，见了石头希迁又故伎重演。希迁却不吃那一套，不由分说便让他进了厨房。头发也不剃，杂活倒干了三年。

好在机会也说来就来。

某天，希迁让学生们到佛殿前铲除杂草。

丹霞天然却洗了头在他面前跪下，意思是我这头上"杂草"也该铲除。石头希迁只好为他剃度，并准备说法，丹霞天然却捂住耳朵掉头就跑，一口气又跑回马祖那里。

这次他直接进入僧房，将那坐禅的僧人当驴骑。

一众僧人惊慌失色，跑进方丈室向师父报告。

马祖道一也只好来看他。

然后说：我子天然。

意思是：你倒天真可爱。

丹霞天然立即翻身，跪下来说：谢恩师赐法号。

从此，他便叫作天然。

由于终老之地在河南南阳丹霞山，所以叫丹霞天然。

石头希迁剃度，马祖道一赐号，立即就让这位禅门新秀名声鹊起，然而此人却依然无法无天胡作非为。某年在洛阳慧林寺，由于天气寒冷，竟然将木头佛像烧了取暖。

院主也就是监寺吓了一跳。他呵斥说：你这是哪里来的野和尚，为什么烧我木佛？

丹霞天然不紧不慢地拨着灰烬说：取舍利。

这里说的舍利就是舍利子，也就是释迦牟尼或得道高僧遗体火化后的结晶体，历来受到佛教徒的供奉和礼拜。为了取舍利而烧佛像，至少听起来冠冕堂皇。

院主说：木头佛像，哪来的舍利？

丹霞天然说：没舍利吗？那就再烧两尊。[57]

啊！对待佛祖，也可以这样？

当然。因为破执的超常规手段就是：

呵佛骂祖

这跟当头棒喝其实是配套的。那个动不动三十棒的德山宣鉴就说：我这里无祖也无佛。达摩是老臊胡，释迦老子是干屎橛，文殊和普贤是担屎汉，从佛祖、菩萨再到禅宗祖师一个不少地全骂完了。同样，动不动就一声断喝的临济义玄也明确主张：逢佛杀佛，逢祖杀祖，逢罗汉杀罗汉。[58]

看来，从非常规到超常规，也只有一步之遥。

问题是，破执就要呵佛骂祖啊？

是的。因为众生执迷，总认为世界上有某种东西不能不死认，比如号称三宝的佛、法、僧。死认就执着，死不开窍就只好雷劈。树倒猢狲散，擒贼先擒王。为了破执，只好壮士断腕以身试法，拿佛和祖师开刀。

这就叫：

直截了当地破执

是啊，最伟大最庄严最神圣的都可以不当回事，还有什么可执着的，又有什么放不下的呢？

恐怕就只剩下"我"了。

所以，我，也要否定。

比如马祖道一的法嗣兴善惟宽。

有人问兴善惟宽：狗也有佛性吗？

惟宽说：有。

那人又问：和尚你有吗？

惟宽说：我没有。

那人说：一切众生皆有佛性，为什么你没有？

惟宽说：我不是一切众生。

那人便问：不是众生，莫非是佛？

惟宽说：我不是佛。

那人又问：既不是佛，也不是众生，那是什么东西？

惟宽说：也不是东西。

这就奇怪！禅宗不是主张发现自我吗？

没有我，又如何见性成佛？

对不起，这就是执了。执，就是一定要有我，或者一定没有我，还是分别心，是二，必须破除这个执念。

举刀刺过去的，还是兴善惟宽。

有一次，某位僧人向他请教。

那人说：请问大和尚，道在哪里？

惟宽说：就在眼前。

那人说：既然就在眼前，我怎么看不见？

惟宽说：因为有"我"，所以看不见。

那人说：那大和尚你，看得见吗？

惟宽说：又有你，又有我，更看不见。

那人说：没有我也没有你，就看得见了吧？

惟宽说：没有你也没有我，谁看啊？[59]

哈哈！这才真是精彩之极。

其实那人开始就错。什么叫作道在哪里？当然在觉悟者那里。觉悟是每个人自己的事。不觉悟它就远在天边，大彻大悟它就近在眼前。问怎么看不见也很可笑。道，也是可以用眼睛去看的吗？这还是执着于我。心中有我就看不见，如果还要你呀我的，就更看不见。可惜这人死不开窍，又认为没有我也没有你就看得见，惟宽又只好说：谁看啊？

什么意思呢？

破我执是破执，不是破我。

是啊！如果自己都没了，要觉悟干什么！

那么，为什么要说自己"也不是东西"？

除了让对方开窍以外，还有一层意思，那就是不要给自己贴标签，非得认准了是佛还是众生，或什么东西。我就是我，干吗一定要有别人认可的身份或者说法呢？

什么身份或说法都可以不要，才是真我。

当然，不一定要，不是一定不要。

一定不要，同样是执。

执着于我，执着于无我，也都是执。

那该怎么办?

不介意,不在乎,无所谓,就好。

现在,没什么可执着的了吧?

对不起,还有,比如**不立文字**。

其实这个执念可以没有,因为惠能早就说过:

> 直道不立文字,即此"不立"两字亦是文字。[60]

可惜众生执迷,不知道认准了读经坐禅固然是执,非得什么都不说,也是。调皮的学生还可能拿这刁难老师:禅宗就是不立文字吗?那我考试的时候就交张白纸。

回答也不难:可以。你要成绩的时候,我就笑一笑。

哈哈,大家都不立文字。

剩下的事,就看他自己的悟性了。

悟性有办法得到吗?

没有。悟性要靠天赋,但方法可以学习。

十六　否定的哲学

○ 有我有鬼

一五〇

画打鬼的钟馗,题目却叫《有我有鬼》,
意思是这世界上之所以有鬼,是因为有钟馗。
这很有意思,却是禅宗的思维。
没错,硬要区分鬼与钟馗,在佛家看来就是分别心。
不二法门,却不讲谁先谁后,谁因谁果。
更何况,没有钟馗,要鬼做甚?
因此赋打油诗一首:

有鬼,是因为我要钟馗。
有云,是因为天要打雷。
有我,是因为你要人陪。
有身,是因为影要相随。

号角吹,燕双飞,
君子一言驷马追。
海底月生潮自退,
镜中你我问阿谁。

要弄清楚禅宗的方法，还得先讲故事。

故事是宗教改革家百丈怀海的。

怀海弘法的时候，课堂上来了个旁听生。旁听生是位老人家，平时总是随着僧徒信众们来听课。但是有一天，下课以后听众们都走了，他却不肯走。

怀海诧异，便说：请问你是什么人？

老人说：我不是人。

奇怪！不是人，那是什么？

老人说：我是野狐狸，也是老和尚，很早很早以前在这山上做住持。当时有学生问了个问题，我没答对，结果堕入轮回变成了野狐狸。恳请大和尚发大慈悲放大光明，告诉我到底应该怎样回答，才能重新做人。

怀海说：什么问题？

老人说：大修行的人还会落入因果报应吗？

怀海说：你怎么回答？

老人说：不落因果。

怀海说：好！你再问一遍。

老人说：大修行的人还会落入因果报应吗？

话音刚落，怀海就应声答道：不昧因果。

老人大悟，躬身答谢说：我已脱胎换骨。[61]

这是一个非常有名的故事。

它的名字就叫：

野狐禅

后来，这个词也用来表示一知半解、似是而非甚至邪门歪道，或者二百五、三脚猫、半吊子。

那么，老和尚错在哪里呢？

执。

没错，修行的本意是要脱离因果报应和六道轮回。因此照道理说，有大修行的人就不会落入因果，老和尚的回答也算中规中矩，怎么就变成野狐狸了呢？

这就要弄清楚基本概念和基本方法。

比方说：

涅槃

请问，涅槃是死亡吗？

不是。僧人死亡一般叫**圆寂**，意思是圆满寂灭。[62]

这就像穆斯林称为**归真**，意思是归于真主。

那么，涅槃是不死吗？

当然也不是，肉体成仙是道教的概念。

不是死，也非不死，那是什么？

超越生死

同样，脱离苦海也不是告别轮回，而是**超越轮回**。既然超越，就不必再讲。回答不落因果，反倒落入因果。这是并未开悟却妄称开悟，所以是野狐禅，也是迷。

不昧因果呢？

就是不被因果报应所迷惑、蒙蔽、束缚，才是悟。这就是老和尚变成了野狐狸，怀海却能救他出来的原因。

一字之差，竟有天壤之别？

当然。不妨再讲一个故事。

故事是青原行思七世法孙慧轮的。

有人问慧轮：宝剑未出匣时怎么样？

慧轮说：不在外面。

又问：出匣以后怎么样？

慧轮说：不在里面。[63]

这话看似寻常，其实含有深意。

实际上，这个问题可以有两种回答。

先看第一种。

宝剑未出匣时怎么样？

在里面。

出匣以后怎么样？

在外面。

再看第二种。

宝剑未出匣时怎么样？

不在外面。

出匣以后怎么样？

不在里面。

有什么区别？

在里面和在外面，是肯定。

不在外面和不在里面，则是否定。

那么，慧轮选择后一种，是因为说起来方便吗？

草萤有耀终非火,
荷露虽团岂是珠。
因果原非出入事,
可怜和尚变成狐。

○草萤

不方便。"不在里面"比"在外面"麻烦多了。

那他为什么要自找麻烦？

首先，否定的表述更准确，也更加留有余地。因为"在里面"就是在里面，而"不在里面"却未必就是在外面。

反过来也一样。

不在里面，也不在外面，那在哪里？

哈哈！不知去向啊！

如果对方的问题是"宝剑在里面吗"，那么，不在里面还可能是"从来就没有过"。

怎么样？不在里面，有多种可能性吧！

其次，否定比肯定更有力量。说是，语气再坚定也不过如此。说不，轻轻一句也可能振聋发聩。既然要破执，那就得说不。要不然，请问怎么破？

所以，石头希迁要学生去问柱子顶端的龙，学生说自己不会，希迁才要说我更不会。

船子和尚也才要说：满船载得月明归。

不会，就是会。

没有，就是有。

一无所获，就是满载而归。

这就是禅宗的辩证法。

否定之后的肯定，也才是真肯定。

更重要的是，许多观点还只能用否定来表述，比如前面所说大乘佛教中观派对"空"的理解就是。空亦是空，亦是不空，什么意思呢？也只能说：不是有，不是没有，不是又有又没有，也不是既没有有，也没有无。

用文言文表述就是：

非有，非无，非亦有亦无，非非有非无。

每一句，都是"非"字开头。

同样，我们也可以用这种方式来表述什么是觉悟。

觉悟是思想吗？

不是。最高智慧不是可以想得出来的。

那么，是不要思想吗？

也不是。想都不明白，不想岂非更不明白？

那是什么？

不是想，也不是不想，是：

非想非非想

这是语本《楞严经》里的话。

不过，非想非非想，也不是似想非想。

那是什么？

超越思想

就像涅槃是超越生死。

用文言文表达就该是：

非想，非非想，非亦想亦非想

不是想，不是不想，也不是又想又不想。

留下的成语则是：

想入非非

这跟"天花乱坠"一样，原本也是褒义词。

这些观点，能用肯定句表达吗？

不能。

因此，禅宗喜欢说不。

比如青原行思跟石头希迁的对话。

行思说：有人说岭南有消息来。

希迁说：有人不说岭南有消息。

这里面其实大有讲究。

因为也可以回答：没有人说岭南有消息。

而且还可以回答：有人说岭南没有消息。

希迁却偏偏回答：有人不说岭南有消息。

这个回答很别扭，却是禅。禅是要有机智的，机智才会有机锋。没有人说，或者没有消息，都只是简单否定。有人不说，就琢磨不透。为什么不说呢？有三种可能：

岭南没有消息。

故意瞒着不说。

根本就不值得说。

到底哪种，自己去想。

不昧因果，不在里面，有人不说，这就是禅。

禅宗是否定的哲学。

否定以后又怎么样？

就自由了。

比方说，参禅可以是喝茶吃饭，也可以是谈情说爱。

十七　自由之路

春心每与好风随，
杨柳青青两岸垂。
未晓檀郎身到否，
频呼小玉隔帘窥。

谈情说爱的，是写出"茶禅一味"名言的克勤和他师父法演。当然，不是他们两个谈恋爱，只是借情诗开悟。当时有位大宋提刑官在请教修行悟道的法门，法演笑眯眯地看着他说：大人年纪轻轻，多少总读过点情诗吧？有两句诗非常贴切：频呼小玉原无事，只要檀郎认得声。

官员听罢，唯唯诺诺而去。

克勤问老师：这位大人明白了吗？

法演说：他只认得声音。

表面上看，这并不错。我们知道，西晋美男子潘岳小名檀奴，于是女孩子就把心仪的帅哥叫作檀郎。帅哥哥到家里做客，千金小姐不便出面相见，就频繁呼叫丫环小玉。其实她什么事都没有，只是想让情郎记住自己的声音。

因此克勤问：既然他认得声音，怎么不对？

法演猛喝：祖师西来意就是庭前柏树子吗？说！

当然不是。僧徒问菩提达摩为什么要来中国，赵州和尚回答庭前柏树子，是要说明实相无相的道理，也是告诉我们不要执着于表面现象。实际上不但祖师西来意，就连庭前柏树子也并不就是柏树子。只是认得声音，怎么可以呢？

克勤恍然大悟。

于是应声答道：

少年一段风流事，只许佳人独自知。

法演说：恭喜！[64]

这是破执的典型案例，看起来费解，其实简单。它告诉我们的道理是：通过什么途径觉悟，是吃饭、睡觉还是喝茶或者恋爱，都无所谓，因为频呼小玉原无事。甚至就连"檀郎认得声"也不重要，重要的是"认得心"。

认得心就是认得佛，也就是觉悟。但，这是你和佛之间的事。只有你和佛知道，也只需要你和佛知道。正如少年时代的风流韵事，需要别人知道吗？不需要。

重提旧话原无事，只要檀郎认得心。

而且，是认得自己的心。

是啊，如果我都没了，谁看呢？

这让人想起一个民间故事。

故事说，有个差役押解犯罪的和尚到外地服刑，每天早上出发之前他都要清点一番：包袱、雨伞、和尚、我。和尚掌握了这个规律，便在某天晚上将差役灌醉，剃掉他的头发又互换了衣服，然后逃之夭夭。

第二天早上，差役照例清点人数：包袱在，雨伞在。看看镜子，和尚也在。然后目瞪口呆地说：我呢？

哈哈，我没了。

故事很夸张，却是芸芸众生常犯的错误。

比方说，人们总是问：道在哪里？

却很少问：我在哪里？

总是问：道是什么？

却很少问：我是谁？

其实这还算好的。更多的情况，是常常惦记和纠结别人怎么看自己，却很少去想：自己怎么看自己。或者羡慕嫉妒别人的成就，不想自己有什么问题，该怎么办。

这可真是：谁都在，唯独没有我。

没办法，只能当头棒喝。

打过皇帝的黄檗希运，就曾这样为宰相裴休开悟。当时裴休推了一尊佛像过来，跪下说：请师父为弟子命名！

希运大喊一声：裴休！

裴休应声答道：弟子在。

希运说：命名完毕。

裴休顿悟。

为什么明白？

因为实相无相。叫裴休或者叫希运，都是色相，有什么要紧呢？要紧的是有没有觉悟。一念悟时，众生是佛。没有觉悟，便是把自己叫作释迦牟尼，又有什么用？

那么，裴休又明白了什么？

我就是我，因为他原本就叫裴休。裴休请求法号，希运却叫他本名，其实是提醒：我心自有佛，我佛是真佛。自若无佛心，佛也不是佛，何况法号！

这么说，法号是不必要的？

对不起，又执了。俗名是色相，法号何尝不是？既然两个都是，请问有何区别？定要区别，岂非还是分别心？何况没有色相，又哪有实相？色相合理，法号当然可以有。至于要不要法号，悉听尊便，想要就要，不就不。

现在，还有问题吗？

有。觉悟既然在自己，要老师干什么？

破执，帮你得到无上正等正觉。

老师直接把最高智慧给我，不就行了吗？

不行。智慧跟知识是不一样的：

知识属于人类，智慧属于个人。
知识可以传授，智慧只能启迪。

智慧只能启迪，这才要有机锋。

当然，天赋特别好的也可以自己觉悟。不过，恐怕也得有契机，就像传说中砸在牛顿头上的苹果。契机，就是**契合的机缘**。机缘可遇不可求，只好利用机会制造。所以，宣鉴说天太黑，崇信便要为他点燃烛火，还要吹灭。

这就是人造机缘，靠的是师父的机智。

吹灭以后，还能再点燃吗？

完全可以。因为有没有烛火，都无所谓了。

德山宣鉴如果不觉悟呢？

抱歉，只能等下一回，甚至终身无缘。

这又让我们想起一个故事。

有次，佛印和苏轼同游灵隐寺，来到观音像前。

苏东坡问：善男信女拿着念珠，是为了念诵菩萨。观音怎么也拿念珠？观音又念诵谁？

佛印回答：念诵观音。

苏东坡问：观音为什么要念诵观音？

佛印回答：因为菩萨比谁都清楚，求人不如求己。[65]
修成正果，或者获得智慧，也一样。
所以怀让才会对道一说：牛不走，你打车干什么？
明白了吧？
走自己的路，让别人打车去！
如果牛肯走呢？
那就"天涯何处无芳草"，因为：

通往心灵之路，就是通往自由之路。

于是，修禅就变成了休闲：

  春有百花秋有月，夏有凉风冬有雪。
  若无闲事挂心头，便是人间好时节。[66]

也是踏春，比如：

  尽日寻春不见春，芒鞋踏遍陇头云。
  归来笑拈梅花嗅，春在枝头已十分。[67]

这可真叫回头是岸。

实际上，一旦觉悟，哪里没有佛？什么不是佛？尤其是大自然，最不刻意，最无烦恼，因此最有如来佛性，也最为接近无上正等正觉，正所谓：

青青翠竹，总是法身；
郁郁黄花，无非般若。[68]

般若不读班弱，要读波惹，意思是最高智慧，法身则是佛的真相。这在一般人看来，是遥不可及琢磨不透的。然而禅宗却说，你想看见法身吗？春风里那青青翠竹就是；你想把握佛性吗？阳光下那郁郁黄花就是。涅槃妙心和般若智慧并不神秘，它就在你身边，而且它就是美。

那就让我们用一首歌来结束说禅：

日出嵩山坳，
晨钟惊飞鸟。
林间小溪水潺潺，
坡上青青草。[69]

款识：

颠倒西风拜未休，垂杨元不解抬头。
东篱饶有黄花在，长为乾坤整顿秋。

青青翠竹，总是法身；
郁郁黄花，无非般若。

鸣谢

承蒙黄永厚老先生及其子女授权,允许使用先生禅意盎然的传世佳作,顿使本书立地成佛。为方便读者理解并增加趣味,新写了偈子或打油诗,但愿不被视为画蛇添足和佛头着粪。如蒙诸君不弃,功在先生罪在我。

*注释

1 "天花乱坠"本是梁武帝时高僧云光法师的故事,见(宋)张敦颐《六朝事迹编类》;"顽石点头"则是东晋高僧道生法师的故事,见释慧皎《高僧传》。但佛祖说法,当不亚于此。又《辞源》称:佛祖说法,感动天神,诸天雨各色香花,于虚空中缤纷乱坠。但未注明出处。另外,《五灯会元》卷一称佛祖建寺时,诸天散花。又《心地观经·序品偈》称:六欲诸天来供养,天华乱坠遍虚空。

2 见《易中天中华经典故事·禅宗故事》。

3 见《五灯会元》卷一释迦牟尼佛条。

4 节选自陈歌辛《苏州河边》。"暗的街上"也作"岸堤街上"。

5 节选自王健词、谷建芬曲《歌声与微笑》,略有改动。

6 (北宋)睦庵善卿所编佛学辞典《祖庭事苑》卷八即

称：心印，达磨西来，不立文字，单传心印，直指人心，见性成佛。

7 "心心相印"这个成语确实来自佛教，来自禅宗，《黄檗传心法要》即称：迦叶以来，以心印心，心心不异。

8 见《红楼梦》第二十二回。

9 袈裟的来历见《景德传灯录》卷一，钵盂的来历见《旧唐书·神秀传》。

10 见《五灯会元》卷一菩提达摩条。

11 见《西游记》第九十八回。

12 见《五灯会元》卷一。

13 菩提达摩又译菩提达磨。

14 菩提达摩事迹见《五灯会元》卷一，《景德传灯录》《洛阳伽蓝记》《续高僧传》等，下同不另注。

15 见"易中天中华史"之《南朝，北朝》及其所引。

16 以上故事见《五灯会元》卷一，《景德传灯录》卷三。

17 据《五灯会元》卷一，菩提达摩登陆广州在梁武帝普通七年（526）九月。弘忍卒于唐高宗上元二年（675），享年七十四岁。又据《六祖坛经·行由品》，弘忍传衣钵三年后去世，可知选择法嗣在唐高宗咸亨三年（672）。

18　以上故事及以下所述惠能事迹均见《五灯会元》卷一，《六祖坛经·行由品》。

19　关于这次考试的初衷，以及弘忍在心里是否已经内定惠能，历史上并无明确说法。但据《六祖坛经·行由品》，考试前弘忍曾到厨房对惠能说：我认为你的见解可用，但恐怕有恶人害你，所以不跟你说话，你知道吗？然后就有了考试。如果弘忍没有发现惠能的非凡之处，以神秀的学问和地位，法嗣本该是他，他也没有竞争对手，完全犯不着提出作偈的要求，更犯不着让全寺僧人都来参与。因此，弘忍很有可能一眼就看中了惠能，却不敢造次，也没有完全的把握，这才有了后面的故事。不过，《六祖坛经》只是惠能派系的一面之词，历史真相未必如此，请读者无妨姑安听之。

20　据丁福保《六祖坛经笺注》载惠能门人法海为《六祖坛经》所作之序，惠能之名系儿时高僧所取，意思是"惠施众生，能作佛事"。据此，则惠能本名卢惠能，正如悟空本名孙悟空。惠能并非弘忍所赐法号，也不能写成慧能。

21　以下所述惠能故事均据《六祖坛经·行由品》，《五灯会元》卷一，《景德传灯录》卷三。

22　见《易中天中华经典故事·禅宗故事》。

23　星云法师《六祖坛经讲话》即认为是自谦。另，此事发生的时间，说法不一。《五灯会元》记为惠能出家前，《六祖坛经》记为在弘忍处受衣钵后，到法性寺亮明身份前。

24 （北宋）延寿智觉《万善同归集》卷下：驾大般若之慈航，越三有之苦津。

25 佛教将人生之苦总结为生、老、病、死、爱别离、怨憎会、求不得、五盛阴，合为八苦。见《大涅槃经》。

26 阿弥陀佛有十三个名号，比如"无量寿佛"等等，密教称为甘露王，是"西方极乐世界"的教主。

27 法琳最后死在流放途中。他的事迹新旧《唐书》和《资治通鉴》均无记载，只见于《续高僧传》卷二十五、《开元释教录》卷八、《唐护法沙门法琳别传》等，任继愈主编《宗教词典》有条目。

28 请参看《中国大百科全书·宗教卷》沙门不敬王之争条。

29 请参看"易中天中华史"之《女皇武则天》。

30 请参看范文澜《中国通史》第四册。

31 慧远的观点请参看任继愈主编《中国佛教史》。

32 请参看《六祖坛经·决疑品》。

33 请参看《中国大百科全书·宗教卷》总条目。

34 见《五灯会元》卷四。

35 百丈怀海事迹见《宋高僧传》卷十，《景德传灯录》

卷六，修订后的清规戒律全名《敕修百丈清规》。请参看《中国大百科全书·宗教卷》，任继愈主编《宗教词典》。

36　神会事迹，见《宋高僧传》卷八，《景德传灯录》卷四，并请参看《中国大百科全书·宗教卷》，任继愈主编《宗教词典》。

37　实际上，佛教的过速发展严重影响到政权稳定和国计民生，是唐武宗会昌灭佛的原因之一。我们知道，以当时的生活水平，十户人家才能供养一个僧人，而会昌五年（845）还俗的僧尼就多达二十六万。也就是说，僧尼的供养者多达二百六十万户，已经超过全国统计人口四百九十五万户的半数。辛替否上书劝谏唐中宗时甚至说，天下之财，佛有十之七八。见范文澜《中国通史》第四册。

38　实际上，神秀的北宗是跟李唐王朝共存亡的。唐亡以后，北宗也走向衰落，之后便是南宗的一统天下。请参看苏渊雷点校《五灯会元》附录《禅宗史略》。

39　此偈传为五代后梁高僧布袋和尚所作，但不见于《景德传灯录》和《五灯会元》，仅见于元末临济宗昙噩《明州定应大师布袋和尚传》，因此也可能是伪作，但能代表禅宗。

40　见《五灯会元》卷五。

41　见《六祖坛经·般若品》。

42 见《六祖坛经·定慧品》。

43 严格地说，这是大乘佛教的观点，见《大涅槃经》。

44 这也是大乘佛教的观点，小乘佛教并不同意。他们认为，佛性（Buddhatā）原指佛陀本性，也叫如来性，是人与佛的本质区别。佛的本性是佛性，人的本性是人性。佛性既然是佛的，就不可能是人的。否则佛与人有何区别，我们又为什么要拜佛？请参看"易中天中华史"之《禅宗兴起》。

45 "迷即佛众生"句见敦煌本《六祖坛经·见真佛解脱颂》，"一念悟时"句见《六祖坛经·般若品》。

46 出自明朝人徐长孺辑《东坡禅喜集》卷九《佛印问答语录》。

47 见《中华大藏经》之《禅宗颂古联珠通集》卷三。

48 见（古印度）龙树《中论·观涅槃品》。

49 见《五灯会元》卷二。

50 见宣化上人著《千手千眼：宣化上人经典开示选辑04》之《八风吹不动》。

51 见《五灯会元》卷七德山宣鉴条。

52 见《五灯会元》卷三南岳怀让条。

53 见《六祖坛经·付嘱品》。

54 见《五灯会元》卷十一临济义玄条。

55　见《五灯会元》卷四黄檗希运条。

56　见《五灯会元》卷七德山宣鉴条。

57　见《五灯会元》卷五丹霞天然条。

58　临济义玄语见《临济录》，德山宣鉴语见《五灯会元》卷七。

59　见《五灯会元》卷三兴善惟宽条。

60　见《六祖坛经·付嘱品》。

61　见《五灯会元》卷三百丈怀海条。

62　佛教徒有时候也用涅槃作为佛和僧尼离世的美称。（北宋）释道诚《释氏要览》卷下就说：释氏死，谓涅槃、圆寂、归真、归寂、灭度、迁化、顺世，皆一义也。

63　见《五灯会元》卷八延寿慧轮条。

64　见《五灯会元》卷十九，前诗原文作"频呼小玉元无事"，元就是原。为方便读者，改作原。

65　出自明朝人徐长孺辑《东坡禅喜集》卷九《佛印问答语录》。

66　见（南宋）慧开禅师《无门关》。

67　见（南宋）罗大经《鹤林玉露》。

68　见《大珠禅师语录》卷下。

69　王立平词曲《牧羊曲》。

易中天

1947年出生于长沙,曾在新疆工作,先后任教于武汉大学、厦门大学。现居江南某镇,潜心写作"中华史"。

已出版作品:
《易中天中华史》(1—20卷)
《易中天中华经典故事》(全6册)
《品三国》《先秦诸子》《儒墨道法的救世之策》
《闲话中国人》《品人录》《大话方言》
《读城记》《中国的男人和女人》《中国人的智慧》
《帝国的惆怅》《帝国的终结》《费城风云》

黄永厚

1928年出生于湖南凤凰。

1960年于合肥工业大学建筑系任教,1984年任安徽省书画院画师。中国美术家协会会员。擅长中国画。

作品有《九方皋》《浙江》《桃源》等。

禅的故事

作者_易中天　　绘者_黄永厚

产品经理_黄甜橙　黄迪音　　装帧设计_朱镜霖　　产品总监_李佳婕
技术编辑_顾逸飞　　责任印制_刘淼　　出品人_许文婷

果麦
www.guomai.cn

以 微 小 的 力 量 推 动 文 明

图书在版编目（CIP）数据

禅的故事 / 易中天著；黄永厚绘. -- 杭州：浙江文艺出版社，2018.6（2024.11重印）
ISBN 978-7-5339-5332-4

Ⅰ. ①禅… Ⅱ. ①易… ②黄… Ⅲ. ①禅宗－通俗读物 Ⅳ. ①B946.5-49

中国版本图书馆CIP数据核字(2018)第119721号

禅的故事　CHAN DE GUSHI
易中天　著　黄永厚　绘

责任编辑　金荣良
书籍设计　朱镜霖

出版发行　浙江文艺出版社
地　　址　杭州市环城北路177号15楼　邮编 310006
经　　销　浙江省新华书店集团有限公司
　　　　　果麦文化传媒股份有限公司
印　　刷　北京盛通印刷股份有限公司
开　　本　880毫米×1230毫米　1/32
字　　数　140千字
印　　张　6.25
印　　数　56,001-61,000
版　　次　2018年6月第1版　2024年11月第8次印刷
书　　号　ISBN 978-7-5339-5332-4
定　　价　69.00元

版权所有　侵权必究
如发现印装质量问题，影响阅读，请联系021-64386496调换。